中国文化史上的
20个生命瞬间

高颂

祁智

著

江苏人民出版社

图书在版编目（CIP）数据

高颂：中国文化史上的 20 个生命瞬间 / 祁智著 .

南京：江苏人民出版社，2025.4. -- ISBN 978-7-214

-30204-5

Ⅰ . G792

中国国家版本馆 CIP 数据核字第 2025XX1407 号

书　　名	高颂：中国文化史上的 20 个生命瞬间	
著　　者	祁　智	
责任编辑	李晓爽	
书籍设计	周伟伟	
责任监制	王　娟	
出版发行	江苏人民出版社	
地　　址	南京市湖南路 1 号 A 楼，邮编：210009	
照　　排	江苏凤凰制版有限公司	
印　　刷	南京爱德印刷有限公司	
开　　本	890 毫米 ×1240 毫米　1/32	
印　　张	10.25　插页 2	
字　　数	380 千字	
版　　次	2025 年 4 月第 1 版	
印　　次	2025 年 4 月第 1 次印刷	
标准书号	ISBN 978 - 7 - 214 - 30204 -5	
定　　价	68.00 元	

（江苏人民出版社图书凡印装错误可向承印厂调换）

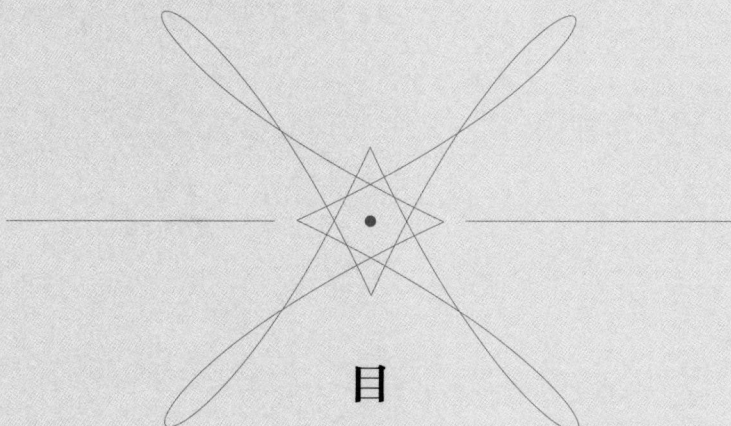

目 录

	西周	春秋时期

公元前775年二月

尹吉甫
汇聚华夏文明第一部诗歌
瑰宝——《诗》

公元前481年三月

孔子
其与众弟子智慧与德行的经典——《论语》

公元前478年九月

老子
以深邃的宇宙智慧启示世人——《道德经》

公元前312年九月

公元前310年四月

公元前278年五月

公元前233年七月

公元前118年六月

公元前96年六月

公元前82年十二月

公元前 775 年二月

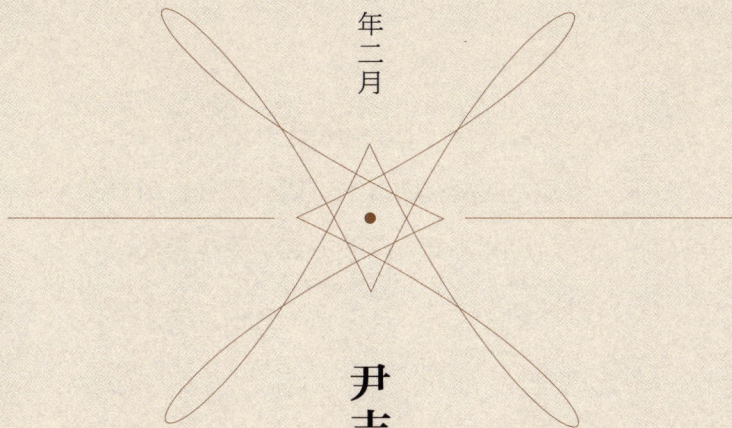

尹吉甫

·

承载文字的简

尹吉甫记得，他的眼睛被新鲜的竹简晃了一下。但是，他没有像母亲希望的那样，用竹简写字，而是挥舞着竹简，像父亲手执长戈一般，在清晨习武。

尹吉甫

公元前 852—前 775 年，字吉父、吉甫。西周房陵（今湖北房县）人。据传为《诗经》的主要采集者和编纂者，被尊称为"中华诗祖"。

尹吉甫看向床边的木几，吃力地抬起手。

庄垂手站在一边，从木几上拿起一卷竹简，恭敬地递给尹吉甫。

一缕晨光斜照，竹简发出一道光亮。尹吉甫眯起眼睛，但是不舍得躲避，看着竹简上的闪耀。

这道光就像一个梦。

尹吉甫四岁生日，母亲送给他一根竹简，还有一支兔毛笔和一方凹形石砚。石砚里面是草木灰调拌的墨汁。这些都是母亲亲手做的。母亲希望他能够写出锦绣文章。毕竟，烽火不是常态，太平才是正道。

尹吉甫记得，他的眼睛被新鲜的竹简晃了一下。但是，他没有像母亲希望的那样，用竹简写字，而是挥舞着竹简，像父亲手执长戈一般，在清晨习武。

母亲嗔怪地看着父亲。父亲却很高兴，好像后继有人。

［古文原句］

凡黄帝之子，二十五宗，其得姓者十四人为十二姓。姬、酉、祁、己、滕、箴、任、荀、僖、姞、儇、依是也。（春秋·左丘明《国语·晋语四》）

［白话文］

黄帝有二十五个儿子，其中十四个儿子被赐予十二个姓氏：姬、酉、祁、己、滕、箴（zhēn）、任、荀、僖（xī）、姞（jí）、儇（xuān）和依（有两个儿子姓"姬"、两个儿子姓"己"）。

尹吉甫的先祖叫伯儵（shū），是黄帝的二十五个儿子之一，被赐予姞姓。

姞是最古老的姓氏之一，尹氏世代的荣耀。

周宣王时期，尹吉甫获伯爵爵位，封地在尹城［今山西隰（xī）县］，改姓"尹"。

尹吉甫伸出手，没有接庄递过来的竹简，手指在竹简上点了点。

竹简是尹吉甫亲手制成，他从母亲那里学到的手艺。

镐京（今陕西西安）郊外，终南山竹林连绵，郁郁葱葱。每年秋天，尹吉甫都会带人上山砍伐竹子。他不准连片砍伐，而是间隔着，挑那些壮老的深挖。这样，能让密密匝匝的竹林空疏，便于今年新竹生长、明年春笋破土。

砍伐的竹子，削皮切片，水煮火烤，除虫杀青。"简"也可以用木头做，但是尹吉甫更喜欢竹简。竹简质地坚硬、纹理

高　颂

清晰、色泽均匀。

人寿有限，文脉无限。承载文字的"简"，要传给后世的君子，不敢马虎。

尹吉甫喜欢竹子。

［古文原句］

秩（zhì）秩斯干，幽幽南山。如竹苞矣，如松茂矣。兄及弟矣，式相好矣，无相犹矣。(《小雅·斯干》)

［白话文］

溪水流淌，南山深远。翠竹摇曳，青松茂密。兄弟情谊，亲密无间，没有算计。

《斯干》是庆祝宫殿完工的祝颂歌辞。河流、竹子、松树，组成一个美好、和谐的环境。生活其中，一定幸福安康、人丁兴旺。

尹吉甫特别喜欢歌诗里的这些竹子，还有松树。竹子一根根挺立，松树一棵棵耸立，彼此独立，又相依而立，就像一个个互相帮衬的兄弟。这既是写景，又是写宫殿主人的情趣，而且，这也是作者的道德追求。

尹吉甫的目光从窗口看出去。终南山坐在很远的地方，山顶白雪皑皑，如同一个长者的头发。老者不语，面对初阳，沐浴晨风。

庄收回竹简，清了清喉咙，低声念了起来：

［古文原句］

六月栖栖，戎车既饬（chì）。四牡骙（kuí）骙，载是常服。猃（xiǎn）狁孔炽，我是用急。王于出征，以匡王国。（《小雅·六月》）

［白话文］

六月出兵，征战不歇；兵车齐整，列阵待击。战马嘶鸣，威风凛凛；战袍在身，人人勇士。猃狁来犯，气势汹汹；和平顿失，边境告急。周王有命，我去征讨；保卫国家，万死不辞。

"这是——"尹吉甫觉得歌诗的内容有些熟悉。

"大夫，"庄高兴地说，"这篇歌诗《六月》，是采诗官昨天晚上献来的，我连夜抄好。"

庄继续诵读：

［古文原句］

比物四骊，闲之维则。维此六月，既成我服。我服既成，

　　　　　　　　　　　　　　高　颂

于三十里。王于出征，以佐天子。（《小雅·六月》）

[白话文]

马按毛色，选配停当；马技娴熟，遵守规章。正值六月，酷热难当；披甲戴盔，勇上战场。战袍在身，义无反顾；日夜行军，急赴边疆。周王有命，我去征讨；辅佐天子，保卫家邦。

"呵呵……难怪——"尹吉甫笑了。

庄也笑了："这是在赞颂大夫文韬武略。"

"王于出征，以佐天子。"尹吉甫摆摆手说，"我只是听王命而已。"

周朝到了周宣王时期，王室力量削弱，诸侯或远离，或叛乱，或自立。周宣王励精图治，重用贤人，志在振兴。尹吉甫深受鼓舞，一心报国。

尹吉甫记得公元前 823 年的战斗。

猃狁来势汹汹，在泾阳（今陕西咸阳）西北的焦获泽集结。他们就要进犯泾阳，镐京告急。尹吉甫率领王师奔赴前线，与猃狁作战。王师在人数、装备上，都比不上猃狁，但是都慷慨赴死。尹吉甫冲在最前面。王师气势如虹，只有扑倒，没有后退。猃狁害怕了，防线被冲出一个缺口，立刻全线崩溃。

焦获大捷。尹吉甫和另一名将军南仲反击到太原，又到朔方（今黄河河套西北部）筑城。

镐京安定。

"壮哉！"周宣王赞美尹吉甫。

"王于出征，以佐天子。"尹吉甫跪拜周宣王。他想起四岁时候，像父亲挥动长戈那样，舞动母亲做的竹简的情景。

也许是受到《六月》的鼓舞，尹吉甫坐了起来。庄扶住他，让他倚靠在墙上。他看到，三面墙整齐码放着竹简。这还只是一小部分，更多的竹简存放在春宫。

"死生契阔——"尹吉甫说。

"死生契阔，与子成说。执子之手，与子偕老……"庄唱《击鼓》。

"桃之夭夭——"尹吉甫说。

"桃之夭夭，灼灼其华……"庄唱《桃夭》。

"昔我往矣——"尹吉甫说。

"昔我往矣，杨柳依依。今我来思，雨雪霏霏……"庄唱《采薇》。

"呵呵……"尹吉甫笑着。

尹吉甫二十岁的时候，在负责搜集、整理歌诗的春宫，见到两个采诗官。一个采诗官一年归，一个采诗官三年归。他们衣衫褴褛，但是干净；疲惫不堪，但是兴奋；老态龙钟，但是精神。他们拿着木简或者竹简，看着只有他们自己才能看得懂的速记符号，一边回忆，一边歌唱：

> 氓之蚩蚩，抱布贸丝……（《卫风·氓》）
> 彼黍离离，彼稷之苗……（《王风·黍离》）
> 蒹葭苍苍，白露为霜……（《秦风·蒹葭》）
> 七月流火，九月授衣……（《豳（bīn）风·七月》）
> 坎坎伐檀兮，置之河之干兮，河水清且涟猗……
> （《魏风·伐檀》）

苍老、嘶哑的喉咙，唱出辽远、苍凉、悲壮、恬静，日月经天，江河行地。

尹吉甫有了梦想，做一个专职采诗官。

尹吉甫做不了采诗官。

采诗官大多是孤寡老人，有脚力、能速记、懂方言、通音律——尹吉甫其他条件都符合，唯独不是孤寡老人。山水迢迢，孤寡老人无牵无挂，才能走天下。即使在半路上遇到不测，也不会影响家庭。

蒹葭蒼蒼、白露為霜、所
謂伊人在水一方、遡洄
從之道阻且長、遡游從
之、宛在水中央、蒹葭
淒淒、白露未晞、所謂伊
人在水之湄、遡洄從之
道阻且躋、遡游從之、宛
在水中坻、蒹葭采采、
白露未已、所謂伊人在
水之涘、遡洄從之道阻
且右、遡游從之、宛在水
中沚

蒹葭三章章八句

清 乾隆 《书画合璧图册5》

春暖花开，采诗官背着几根木简、竹简，摇着木铎出镐京。

人们听到木铎的声音，知道采诗官出发了。

采诗官沿着河流，或顺流而下，或逆流而上。

人们择水而居，听到木铎的声音，知道采诗官来了，把歌谣唱给采诗官听。

即使符合条件，尹吉甫也做不了采诗官——周天子需要他。

尹吉甫用另外的形式采集歌诗。

尹吉甫向周宣王建议，派更多的采诗官，去黄河中下游、汉水流域、长江北岸，采集更多的歌诗。

"歌诗里有劳动生活、民俗风情、婚丧嫁娶和舆论民意。"尹吉甫说。

周宣王点头："读歌诗可以知天下。"

"歌诗还可以传天下、传久远。"尹吉甫说。

尹吉甫在征战、公务途中，注意采集民间歌诗。不仅如此，他还创作歌诗。

周宣王派卿士（相当于宰相）仲山甫去齐地筑城。

尹吉甫作《烝民》相赠：

［古文原句］

天生烝民，有物有则。民之秉彝，好是懿德。天监有周，昭假于下。保兹天子，生仲山甫。（《大雅·烝民》）

［白话文］

天生一个仲山甫，身手矫健心诚实。世事多变守初心，追求真善是美德。上天眷顾周王朝，大道光明天下施。保佑周朝至万世，仲山甫卿正当时。

周厉王死后，周宣王继位。江淮、黄淮地区的部落不服，周宣王命召穆公讨伐，大胜而归。

尹吉甫作《江汉》记载、颂扬：

［古文原句］

江汉浮浮，武夫滔滔。匪安匪游，淮夷来求。既出我车，既设我旟（yú）。匪安匪舒，淮夷来铺。（《大雅·江汉》）

［白话文］

江水奔腾，将士威猛。不为安逸，出兵征伐。战车辚辚，战旗猎猎。不为舒适，敌前驻扎。

尹吉甫有一次去汉水流域处理公务，听到一个少年在高歌：

［古文原句］

关关雎鸠，在河之洲。窈窕淑女，君子好逑。参差荇菜，左右流之。窈窕淑女，寤寐求之。求之不得，寤寐思服。悠哉悠哉，辗转反侧。(《国风·关雎》)

［白话文］

河中小洲，鸟儿鸣叫。美好女子，君子所好。荇菜参差，船摘左右。贤良女子，日夜追求。追求不得，日夜思念。思念不断，今夜无眠。

少年就是庄。他在母亲腹中时，父亲战死疆场，为国捐躯；母亲是歌者，去另一个部落采风，坠崖身亡。

尹吉甫收留了庄。

庄聪明、勇敢，既有父亲的武功，又有母亲的文雅，如同尹吉甫年少的时候。

最让尹吉甫喜欢的是，庄面对采集的歌诗，过目不忘、耳闻成诵。尹吉甫随便点哪一篇歌诗，他都能背出来、唱出来。

庄扶尹吉甫下床，搀着走到户外。

"呵呵——"尹吉甫深吸一口气，新鲜而微冷的空气，让他五脏六腑清洁如洗。蛰伏一个冬天，以为从此床上度日，没有想到，还可以站在早春的早晨里。他好像看到了陌上花开。

　　　　　　　　　　　　　　　　高颂

蓝天无云，旭日初升。尹吉甫苍白的脸被映照成红色。老树还没有发新芽，枯黄的茅草上落满寒霜。

白霜的寒光，刺过尹吉甫的眼睛，剐过尹吉甫的心尖。尹吉甫的耳边，仿佛听到伯奇在唱《履霜操》：

[古文原句]

履朝霜兮采晨寒。考不明其心兮听谗言。孤恩别离兮摧肺肝。何辜皇天兮遭斯惩，痛殁不同兮恩有偏。谁说顾兮知我冤。（清·杜文澜辑《古谣谚》卷八十）

[白话文]

踏着清晨的霜露，采撷着晨间的寒意，君主不明辨真心，却听信谗言。还未报答恩情却恩断义绝，内心如肺肝俱裂般痛苦，为何无辜的我竟遭此上天的惩罚？痛心于生死不能与共，恩情竟有所偏倚，又有谁能回首眷顾，知晓我心中的冤屈呢？

尹吉甫的长子叫伯奇。

妻子去世后，尹吉甫再婚，生次子伯邽。新夫人为了让伯邽独占财产，在尹吉甫面前不停地说伯奇的坏话。尹吉甫不相信。有一天，新夫人让尹吉甫躲在暗处，偷偷地抓一只马蜂，拔掉毒刺，放到身上，然后让伯奇救她。伯奇刚一伸手，她突然喊："伯奇调戏我！"尹吉甫信以为真，把伯奇逐出家门。

伯奇无罪，百口难辩，在外流浪，饥寒交迫。有一天，踩着晨霜，边弹边唱《履霜操》。

歌罢，伯奇投河而死。

"伯奇……"尹吉甫胸口一阵绞痛，在庄的怀里坍塌。

"吧嗒——"庄手里的竹简掉了，散了一地。

尹吉甫要把歌诗留给后世的君子。他并不知道，后世的君子是孔子。他去世225年后，孔子（公元前551—前479年）诞生。

公元前504年，孔子四十八岁，每天焚香沐手，从汗牛充栋的竹简、木简中，精选出歌诗三百一十一篇，还发现六篇用笙演奏的歌诗只有歌名，没有歌词，于是，取其整数称为《诗三百》。

《诗三百》分"风""雅""颂"三部分。其中，"风"是十五国的民歌，一百六十篇；"雅"是宫廷乐歌，分"大雅"三十一篇、"小雅"七十四篇；"颂"是祭祀、祈祷乐歌，四十篇。用笙演奏的六篇，被称为"笙诗六篇"。

汉武帝时期，尊《诗》为《诗经》，与《书》《礼》《易》《春秋》并称"五经"。

高　颂

公元前 481 年三月

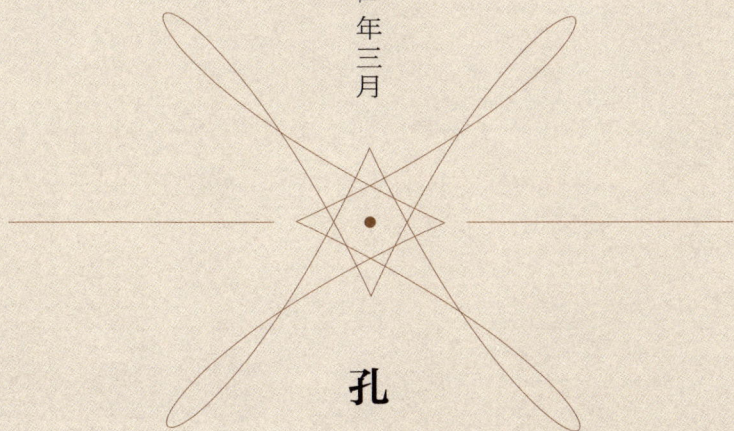

孔 子

·

穿巷而过的夫子

牛车进不了陋巷。孔子接过宰予伸来的手，一只脚探到地上，跟着落下另一只脚。

孔 子

公元前 551—前 479 年，姓孔，名丘，字仲尼。祖籍宋国栗邑（今河南商丘夏邑），春秋时期鲁国陬邑（今山东曲阜）人。

牛车进不了陋巷。

孔子接过宰予伸来的手，一只脚探到地上，跟着落下另一只脚。

三年前，孔子六十八岁，在正卿季康子（？—前468年，名肥，谥康）的邀请下，结束了十四年的周游列国，回到鲁国。

夫子来看弟子颜回（公元前521—前481年，字子渊）。

［古文原句］

天下有道，则礼乐征伐自天子出；天下无道，则礼乐征伐自诸侯出。自诸侯出，盖十世希不失矣；自大夫出，五世希不失矣；陪臣执国命，三世希不失矣。天下有道，则政不在大夫。天下有道，则庶人不议。（《论语·季氏篇》）

［白话文］

天下有道，制作礼乐、出兵打仗等，都由天子决定；天下无道，一切都由诸侯决定。诸侯决定，很少有经过十代不垮台的；大夫决定，很少有经过五代不垮台的；陪臣执掌国家政权，很少有经过三代不垮台的。天下有道，国家政权就不会落在大夫手中。天下有道，老百姓就没有什么议论了。

公元前497年，孔子官至鲁国大司寇（相当于司法部兼公安部部长）。因为与鲁公、季康子的父亲季桓子等政见不一，他率弟子离开鲁国，奔走于卫、曹、宋、齐、郑、晋、陈、蔡、楚等地，宣扬仁政，却未获得重用。

孔子这次重回鲁国，还想从政，季康子没有答应。"鲁终不能用孔子，孔子亦不求仕。"（西汉·司马迁《史记·孔子世家》）他没有再争取，而是设坛讲学，整理典籍、文献。

细窄的巷子，向前蜿蜒。

七十一岁的夫子仍然很高大。衣衫下的轮廓，显出他年轻时候打下的壮实基础。

夫子的祖上是殷商王室的后裔、宋国的贵族。父亲叔梁纥是鲁国有名的勇士。叔梁纥在一次攻打偪（fù）阳国（今山东枣庄一带）的战役中，双手举着下沉的城墙闸门，让将士们通过。托天之力，威震诸侯。

夫子有九个姐姐，还有一个腿有残疾的哥哥叫孟皮。按当时的礼仪，继承家业的人必须是男子，而且相貌端庄、身体无恙。叔梁纥在晚年找了一个叫颜氏的姑娘，生了孔子。颜氏怀孕前曾经去尼丘山祈祷，又因为孔子刚出生的时候头顶中间凹下，"生而首上圩顶"（《史记·孔子世家》），所以起名为丘，字仲尼。"仲"为老二，兄长孟皮的"孟"为老大。

夫子三岁，父亲病逝，跟母亲颜氏过日子，家境贫寒。

高　颂

"孔子长九尺六寸，人皆谓之'长人'而异之。"（《史记·孔子世家》）孔子身高近两米，人人都说他是"长人"，并用奇异的目光看着他。"吾少也贱，故多能鄙事。"（《论语·子罕》）我从小生活困难，所以能干许多粗活——孔子从来不隐瞒、不回避他早年家境窘迫、少年艰辛的经历。

宰予（公元前522—前458年，字子我）搀扶着夫子。他特地选择了右边。太阳斜挂在右边的天空。如果走在左边，夫子宽大的身影会笼罩着他，让他有一种压迫感。

毕竟，宰予是被夫子骂得最多、骂得最狠的人。

［古文原句］

宰予昼寝。子曰："朽木不可雕也，粪土之墙不可杇也！于予与何诛？"（《论语·公冶长》）

［白话文］

宰予白天睡觉。孔子很恼火："腐烂的木头不能雕刻，粪土堆成的墙不可粉刷。对宰予这种人，还有什么好责备的呢？"

宰予现在走在右边，身影投射在夫子身上，像一个孩子依偎着父亲。这让他感到温暖，又有些不好意思。他也四十二岁了。

"逝者如斯夫！不舍昼夜。"（《论语·子罕》）有一次路过黄河，夫子说。

宰予明白，夫子是自勉，也是对弟子的教诲，更像是在专门叮嘱他。时光流逝，就像黄河之水奔流不息，日夜不停，一去不返，切莫虚度光阴。大白天睡觉，肯定是不对的。

夫子去世后，弟子们整理《论语》。宰予坚决要把夫子痛骂他的这一章，收纳其中。

巷子被两边低矮的房屋夹着，最窄的地方只能容一人侧身通过，地上凹凸不平。

"布谷""布谷""布谷"，布谷鸟在空中叫，高一声、低一声，近一声、远一声，声声悦耳。

屋后的一棵棵树，撑着一蓬蓬高高低低的绿色。空气里，有青草的味道、花的味道，还有牛粪、猪粪的味道。

墙角钻出一丛丛小草，有的还举着小朵的淡花。

几个孩子从远处跑过来。他们看见夫子，齐刷刷贴墙而立。最近，夫子经常来这里，到巷尾看望弟子颜回。

"夫子——"孩子们拱手鞠躬。

"呵呵——"夫子脸上露出祖父慈爱的表情，想起了孙子孔伋。

前年，孔鲤（公元前532—前483年，字伯鱼）去世。

公元前533年，孔子十九岁，娶宋人亓（qí）官氏的女儿为妻。一年后，儿子出生。孔子当时在做管理仓库的小官，鲁昭公送来一条祝福的鲤鱼。孔子给孩子取名鲤，字伯鱼。

孔鲤是孔子唯一的儿子。

有一天，弟子陈亢（公元前511—前430年，字子亢，一字子禽）问孔鲤，夫子有没有为他开小灶，讲授特别的道理。

孔鲤说没有。

［古文原句］

尝独立，鲤趋而过庭。曰："学诗乎？"对曰："未也。""不学诗，无以言。"鲤退而学诗。他日，又独立，鲤趋而过庭。曰："学礼乎？"对曰："未也。""不学礼，无以立。"鲤退而学礼。闻斯二者。（《论语·季氏》）

［白话文］

父亲一人在堂上，我快步从那里走过。他问我："学《诗》了吗？"我回答："还没有。"他说"不学诗，就不懂得怎么说话。"我回去就学《诗》。又有一天，他又独自站在堂上，我快步经过那里。他问："学礼了吗？"我回答说："还没有。"他说："不学礼就不懂得怎样立身。"我回去就学礼。

我就单独听到过这两件事。

陈亢高兴地说:"我提了一个问题,得到三个收获:关于学《诗》的重要性,关于学《礼》的重要性,知道君子不偏爱自己儿子。"

孔鲤天资一般,没什么成就,但是一生尊礼守纪,乐观豁达。一天,他指着夫人怀孕的肚子说:"你父不如我父。"意思是自己不如孔子。他又对孔子说:"你子不如我子。"意思是自己不如儿子。

前年初夏,儿子孔鲤去世,享年五十岁。六十九岁的孔子没有来得及悲伤,喜庆接踵而至:孙子孔伋出生。

孔伋三岁了。

夫子不敢多停留,生怕孩子们又要问出什么稀奇古怪的事。曾经的两小儿辩日,让他伤透脑筋。那句"孰为汝多知乎"(战国·列子《列子·汤问》),谁说你有很多智慧呢,让他惶恐和敬畏。但是,他又释然。"我非生而知之者,好古,敏以求之者也。"(《论语·述而》)我并不是生下来就知道的,而是喜好古代文化,勤勉去求取而已。

而且,今天夫子没有时间和心思。

高　颂

巷底有三间低矮、歪斜的草房子。如果没有用几根木桩固定住，可能早就倒塌了。檐下挂着一个竹篮子，里面是剩饭。竹篮子旁边还挂着几个葫芦。葫芦是去年摘的，不剖开，可以装水；剖开就是瓢，可以舀水。

[古文原句]

子曰："贤哉回也！一箪食，一瓢饮，在陋巷，人不堪其忧，回也不改其乐。贤哉，回也！"（《论语·庸也》）

[白话文]

孔子说："贤人啊，颜回！用粗陋的竹筐盛饭，用瓢喝水，住在简陋的巷子里。别人都忍受不了这穷困，颜回的快乐却一点儿也不减少。贤人啊，颜回！"

屋里传出药草熬出的混合味道。

"夫子——"子路拉开柴门，出来迎接夫子。

子路（公元前542—前480，姓仲，名由）是从卫国赶回来的，脸色凝重悲切。

夫子看子路的脸色，不用问，就知道颜回的情况很不好。他忽然感觉，子路也老了，腰佝偻着，白发稀疏。他一直把子路当学生，学生都是晚辈，其实子路只比他小九岁，也六十二岁了。

尹雄 仲弓

巫馬施 伯玉

耕 伯牛

唐 阎立本 《孔子弟子像》（节选）

［古文原句］

千乘之国，摄乎大国之间，加之以师旅，因之以饥馑；由也为之，比及三年，可使有勇，且知方也。（《论语·先进》）

［白话文］

一个拥有一千辆兵车的国家，夹在大国之间，常受外国军队的侵犯，加上内部又有饥荒，如果让我去治理，三年工夫，可以使人人勇敢善战，而且还懂得做人的道理。

这是子路的理想。

子路心直口快，脾气暴躁，但是闻过则喜，而且志向远大。他是夫子最早的追随者之一，但是不盲从，有意见就提。

孔子很赏识子路。他曾经说，如果主张的确无法推行，想乘着木筏漂流海外，跟随他的，恐怕只有仲由。

夫子弯腰走进柴门。

屋里没有什么陈设，但是敞亮。

颜回蜷缩在东屋的席子上，全身发抖，席子"窸窣"作响。本来就瘦弱的他，现在像一根枯树桩。

大前年腊月，天寒地冻，夫子从冰上过河，满载简册的牛车掉进冰窟窿。颜回一次次跳进水里打捞，当晚发高烧。他不肯休息，帮夫子晾晒、整理简册。两年来，一直低烧、咳嗽，日渐消瘦。从正月开始，下床的力气都没有了。

夫子把手放在颜回的额头上，滚烫；夫子又拉拉颜回的手，冰冷。

颜回说不出话了。

颜回啊！

颜回不到十四岁就追随夫子，是夫子夸赞最多的学生。他一贯"敏于事而慎于言"（《论语·学而》）。夫子曾经问他怎么做人，他回答："愿无伐善，无施劳。"（《论语·公冶长》）愿意不夸耀自己的优点，不表白自己的功劳。他的理想是施仁政，"君臣同心，外内相应"（西汉·韩婴《韩诗外传》）。

［古文原句］

回也，其心三月不违仁，其余则日月至焉而已矣。（《论语·庸也》）

［白话文］

颜回啊，心中能长久地不离开、不违背仁德。其余的学生，只不过短时间能做到这点罢了。

夫子从屋里退到屋外。

"死生有命，富贵在天。"（《论语·颜渊》）宰予安慰夫子说，"夫子不要太悲伤。"

夫子看看宰予。这个宰予，经常有奇思妙想，甚至和他唱反调，有时候能把他气昏过去。父母去世，服孝三年，这是规矩。

宰予却说："三年之丧，期已久矣。君子三年不为礼，礼必坏；三年不为乐，乐必崩。"（《论语·阳货》）服丧三年，时间太长了。君子三年不讲究礼仪，礼仪必然败坏；三年不演奏音乐，音乐就会荒废。

夫子又气又怒："你要是心安，那你就一年吧！"

但是，夫子还是很喜欢这个思想活跃、能言善辩的宰予。周游列国，他经常派宰予出使齐国和楚国。

每一个弟子都有个性，都有优点和缺点，和他们的老师一样——这是夫子最高兴的地方。

"朝闻道，夕死可矣。"（《论语·里仁》）夫子忍住悲伤，对宰予说。

太阳西下。归鸟入林。

穿巷而过的风，变得阴冷。竹篮和葫芦在风中晃荡，草房子摇摇欲坠。几只乌鸦落到屋后的苦楝树上，禁不住晃动，"呱呱"地飞向远处。

颜回走了。

"噫！天丧予！天丧予！"（《论语·先进》）夫子嚎啕大哭。老天要我的命啊！老天要我的命啊！

夫子从来没有这么悲伤过，即使儿子孔鲤去世。

公元前 485 年，夫人亓官氏卒；

公元前 483 年，儿子孔鲤卒；

公元前 481 年，颜回卒；

公元前 480 年，子路卒；

公元前 479 年，夫子卒。

孔伋（公元前 483—前 402 年，字子思）著《子思子》《中庸》，与孔子、孟子、颜子（颜回）、曾子（曾参）共称"五大圣人"。享年八十二岁。

公元前 478 年九月

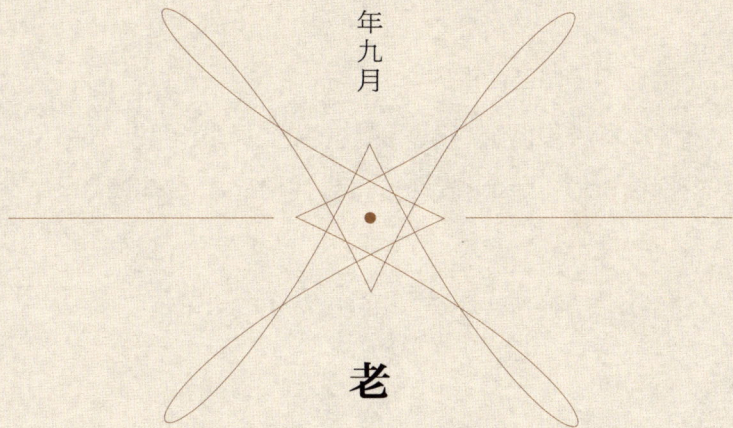

老　子

偏坐在青牛背上

老子偏坐在青牛背上。

函谷关西踞高原，东临绝涧，南接秦岭，北塞黄河，雄关巍峨。此时，它像一个气势磅礴的剪影。

城门洞开，含着一轮就要落山的太阳。

老 子

约公元前571—约前471年，一说姓李，名耳，字聃；一称老聃，字伯阳。据司马迁在《史记》中的说法，老子是春秋时期楚国苦县（今河南省鹿邑）厉乡曲仁里（一说今安徽涡阳）人。

老子偏坐在青牛背上。

函谷关西踞高原，东临绝涧，南接秦岭，北塞黄河，雄关巍峨。此时，它像一个气势磅礴的剪影。

城门洞开，含着一轮就要落山的太阳。

[古文原句]

老子修道德，其学以自隐无名为务。居周久之，见周之衰，乃遂去。（《史记·老子韩非列传》）

[白话文]

老子潜心研究道德学问，他的学说以隐姓埋名、不求显赫为宗旨。他在周朝都城洛邑（今河南洛阳）住了很长时间，见周朝渐渐衰落，就离开了洛邑。

"应该是今天。"函谷关令尹喜，站在城头向东看。

"关令尹喜望气先知焉，乃物色遮候之。"（西晋·皇甫谧《高士传》卷上《老子李耳》）十天前的早晨，尹喜登上城门楼，看见东方紫气三万里，知道会有圣人过来。他立刻让手下打扫道路，洒扫除尘。

然后，天天登高望远。

官道从东边而来，蜿蜒如同河流，只不过波澜不惊。

稀稀拉拉的路人，加快了步伐，要赶在天黑前通关。

忽然，尹喜看见一个老者骑着青牛徐徐而来。夕阳斜照，老者的白发、白须反射着银光。

"原来是——老子！"尹喜赶紧跑下城楼，端正衣冠，带着众人迎出城门。

［古文原句］

老子者，楚苦县厉乡曲仁里人也，姓李氏，名耳，字聃，周守藏室之史也。（《史记·老子韩非列传》）

［白话文］

老子，是楚国苦县厉乡曲仁里人，姓李名耳，字聃，做过管理周朝图书的史官。

老子没有见过父亲。

老子的父亲老佐，是宋国的司马（相当于宋国最高军事长官），在与楚国交战中阵亡。怀孕在身的母亲，在侍女、护卫的帮助下逃到陈国。

不久，白发、白眉、白胡须、大耳朵的老子出生。

"就叫——老耳，"母亲欢喜地说，"字聃。"

老子小时候聪颖好学，尤其对兴亡、成败、生死以及天文、祭祀、占卜、星象感兴趣。

什么是天？什么是天上？天上的上面是什么？天上的上面

的上面又是什么？日月经天，是谁在推动？……

老子有无数的问题，但是无人能够回答。他十岁的时候，母亲请商容做他的老师。

"商容贤者，百姓爱之，纣废之。"（《史记·殷本纪》）商容是商王纣的大臣，是一位著名的贤人，满腹经纶，通晓古今，深受殷商百姓的爱戴，却被纣王厌恶、废黜。

商容教了老子三年。

有一天，商容生病，老子去看老师。

老子请老师教导。

商容问老子，经过故乡，知道要下车吗？

老子说，知道的，故土、故乡的亲人，不敢忘记，要下车的。

商容又问，看见乔木，知道要赶紧跑过去吗？

老子说，知道的，高大的乔木是老者的象征，不敢不敬，要快跑过去的。

[古文原句]

容张口曰："吾舌存乎？"曰："存。"曰："吾齿存乎？"曰："亡。""知之乎？"老子曰："非谓其刚亡而弱存乎？"容曰："嘻！天下事尽矣。"（《高士传》卷上《商容》）

商容张开嘴巴，问："我的舌头还在吗？"老子回答："还在。"商容问："我的牙齿还在吗？"老子回答："不在了。"商容问："你明白其中的道理吗？"老子回答："刚强的容易消亡，柔弱的容易生存，是这样吗？"商容笑着说："哈哈，天下的道理都在这里了！"

商容对老子说，他能教的都教了，把老子推荐到周都洛邑。

那年，老子十五岁。

老子到了洛邑，遍访名师，各取所长，苦思冥想，融会贯通，学问做得既深又好。因此，他后来才能进周朝的守藏室做史官。他利用职务之便，读到了只有周天子才能读到的书籍，见到了秘而不宣的天象、灵异记载，以及难得一见的各地宝物。

"老师！"尹喜一躬到地，然后欠着身子，要牵青牛，才发现没有缰绳。

"呵呵……"老子笑着。

"啊呀——无缰，无疆。"尹喜明白了。他请老子登楼。

"老师出关，即到秦国地界。此去经年，不知归期。请小住一晚，学生好讨教。"尹喜说。

"无他。"老子对尹喜刚才的"无缰，无疆"很满意，跟他登上城楼。

"老师能教导叔山无趾，也能教导我。"尹喜开心地说。

叔山无趾是鲁国人，因为犯罪被砍掉了脚趾，大家叫他"叔山无趾"。他崇拜孔子的学识，有一天向孔子讨教。孔子有些瞧不起他，说你触犯了刑法才来请教，哪里还来得及呢？

叔山无趾说："我不识时务，做了傻事，把自己的脚趾弄丢了。我虽然外形残缺，但是心灵渴望成长。这种内在道德的提升，比脚趾重要多了。天没有什么不覆盖，地没有什么不承载。我视您为天地，您却说出这样的话！"

叔山无趾离开孔子，去拜访老子："孔丘还没达到圣人的境界，还在追求奇奇怪怪的名声。他难道不知道，圣人都把名声当作枷锁吗？"

老子说："既然你看出来了，为什么不点化他，让他摆脱束缚呢？"

［古文原句］

天刑之，安可解！（战国·庄子《德充符》）

这是天给他的惩罚，我怎么能替天向他解释！

"老师，有这样的事吧？"尹喜问老子。

"哦——呵呵……"老子捋着胡须，眼睛迷茫。叔山无趾请教他这件事，已经过去很久了。

第一次见面时，老子三十七岁，孔子十七岁。老子的朋友在巷党（一种说法是乡镇，一种说法是鲁国地名）去世，他去主持葬礼。孔子正好也到了那里，担任他的助理。

送葬的队伍在半路上遇到日食，天地之间乌黑。

[古文原句]

老聃曰："丘！止柩，就道右，止哭以听变。"既明反而后行。曰："礼也。"（西汉·戴圣编《礼记·曾子问》）

[白话文]

老子说："孔丘，让大家停下来，靠右站，不要哭，等变化过去再说。"天恢复光明后，葬礼继续进行。老子说："这是周礼！"

孔子是助理，只得听老子的。葬礼结束，他对老子说，葬礼是不能中途停下来的，因为日食究竟需要多长时间，谁也不知道。

"停的时间长了，死者会感到不安，不如继续举行的好。"孔子谦卑地等着老子的意见。

老子说，诸侯国君见天子，都是白天赶路，晚上休息；大夫出国访问，也是白天赶路，晚上休息。送葬也是一样啊，都是大白天出殡。只有罪犯或者回家奔丧，才在夜晚赶路。日食，天黑如同夜晚。

"懂周礼的人，是不应该把刚去世的亲人放在不吉利的境地的。"老子说，"应该停下来，等日食之后再走。"

孔子听了，觉得老子的话有理。他抓住这个机会，阐述自己的观点，继续向老子请教。

老子耐心地听着。他不知道面前这个高大的年轻人会向哪个方向发展，但是能肯定，这个年轻人绝不是等闲之辈。他听完孔子的话，说："你所研究的，都是去世很久的人的观点，只不过他们的言论还在。你要活学活用，不能死板、拘泥啊！"

[古文原句]

且君子得其时则驾，不得其时则蓬累而行。吾闻之，良贾深藏若虚，君子盛德，容貌若愚。去子之骄气与多欲，态色与淫志，是皆无益于子之身。（《史记·老子韩非列传》）

况且，君子时运到了，就驾车出去成就事业，生不逢时就像蓬草贴地生长。我听说，真正富有的大户，都把财物深藏，好像什么都没有；真正具有高尚品德的君子，外表看上去都很愚钝。所以，您应该少一些骄狂和欲望，少一些做作的神态和不切实际的志向，这一切对您的身心都是有害无益的。

"我所能告诉您的，也就这些了。"老子起身送孔子。

孔子回到家里，三天没有说话。第四天，他对弟子说，我知道鸟能飞、鱼能游、兽能跑，但对于龙，我不知道它能乘风驾云直上九天。"吾今日见老子，其犹龙邪！"（《史记·老子韩非列传》）我今天见到的老子，就像龙啊！

老子最后一次见孔子，已经七十一岁，孔子也已经五十一岁。"孔子行年五十有一而不闻道，乃南之沛，见老聃。"（《庄子·天运》）孔子五十一岁时还没有领悟大道，于是往南去到沛地拜见老聃。

"你是怎样寻求道的呢？"老子问。

"我在规范、法度方面寻求大道，用了五年的工夫没有得到。"孔子说，"我又从阴阳的变化来寻求，十二年了还是没能得到。"

"假如内心不端正，道就不能停留；假如外部不平和，道就不能推行。内心发出的东西，如果你不能接受，圣人也就不会传教；从外部进入内心的东西，如果你不能领悟，又不端正，圣人也不会怜爱。"

"那么仁义呢？"孔子问。

"名声是人人可以使用的器物，不能过多猎取；仁义是前代帝王的房子，可以住一晚但是不可能长住。古代道德修养高的圣人，对于仁来说只是借路，对于义来说只是暂住。"

"那么圣人在哪里呢？"孔子问。

"游乐于自由自在、无拘无束，生活于马虎简单、无奢无华，立身于从不施与。"老子说。

"怎么讲？"孔子问。

"自由自在、无拘无束，是无为；马虎简单、无奢无华，容易生存；从不施与，自己不受损也不有利于他人。这就是古人所说的华彩、真实的遨游。"老子说。

尹喜问："是这样吗？老师？"

"呵呵……"老子捋着胡须，笑着。

太阳刚落，函谷关的夜色就涌了上来。气温骤然下降，从暖秋掉进初冬。灿烂的星光，把本来漆黑的天空闪耀成乌蓝。

万籁俱寂。

唾壺擊缺木魚沉別具憂時救世心待

得夢回塵劫換隔溪梢送步虛音宗風

本是重吳衰貌出鬢眉擊磬裏我心有

心如在衛要收海水種田桑　雙虹書屋主人屬題　七十七叟沈衛

閙轟轟敔蘭虎騶軨哈哈警嘯漫諵世網情紐抵死將人銅

什么英雄什么兒女到頭來一環黃土那陣陣禪唐後曉晨戒

禾黍真何苦朝朝暮暮來匆匆風風雨雨一百年怱怱不住走何

人把情拋輕輕一杵喚醒癡愚抵多少晨鐘暮鼓猛憬

猛憬頓顧世人夢回時把行事汽頭細看　戊寅冬日

雙虹館主以擊磬樓圖屬題敬拈俚歌誌一臠　胡佐威　又誌

且作癡聲一般醉夢幽心性急甫清

磬喚浮浮生醒是麼聲來何處聲

相應舫盧冷劫餘圖膾要把新詞贈

調寄熙絳唇

雙虹書屋主人屬題　戊寅九秋蒲石居士

氣化雪大琴
咻聲醒邱文
閒公舂甾
石對神抖
搜考石有青
悝泗漬舍
峨而亦互闵
呂神尹岒

蘐眞眞玄
諸和昆之頵然
仿瘦氍 子

清 吴观岱 《老子击磬图》

尹喜点燃火盆。铜盆里的牛粪、木材燃烧，散发出一股酸中带甜的味道。盆里的火光，既是照明，也是取暖，还和其他垛口的盆火彼此照应。

一团一团的红火，延伸向远处，无言地诉说着边关安宁。

老子和尹喜面前，是一块磨平的石头，上面摆放着果酒、梨子、葡萄和馕。

"老师，什么是道？"尹喜跪坐着问。

"有一个浑然一体的东西，在天地形成以前就已经存在了。它寂寥无声，独立不移，循环往复，永不衰竭，为万物产生之本源。"老子盘腿坐着说，"我不知道它的名字，很勉强地把它叫作'道'。"

尹喜问："它也可能是另外一个字？"

"我也勉强叫作'大'。"老子说。

尹喜又问："还会是什么字呢？"

"道可道，非常道；名可名，非常名。"（《道德经》）老子说着，拿起一个彩陶，问尹喜里面是什么。

尹喜说，原来装的是酒，不过刚才喝完了，现在里面是空的。

老子把另一个彩陶里的酒，倒进这个彩陶里。

"哦——"尹喜好像有点儿明白了。

高 颂

老子站起来，带尹喜走到城墙边，手从东画到西。

"天——地。"尹喜说。

老子又从东划到西，好像更高了。

"天之上——"尹喜笑着说，"我明白了。彩陶是空的，才能装酒；天地之间是空的，才能装万物；天之上是空的，才能装天地。"

"人法地，地法天，天法道，道法自然。"（《道德经》）老子说。

第二天一大早，彩霞满天。

老子说要出函谷关。

关令尹喜曰："子将隐矣，强为我著书。"（《史记·老子韩非列传》）老师，您就要隐居了，请尽力为我们写一本书吧。

老子想了想，答应留下来。

老子讲述，尹喜记录，十五日后成《道德经》，五千一百六十二字。

又是一个早晨。红日初升，天地澄明，金风送爽。

老子倒骑青牛，出函谷关。

"莫知其所终。"（《史记·老子韩非列传》）

没有人知道老子去了哪里。

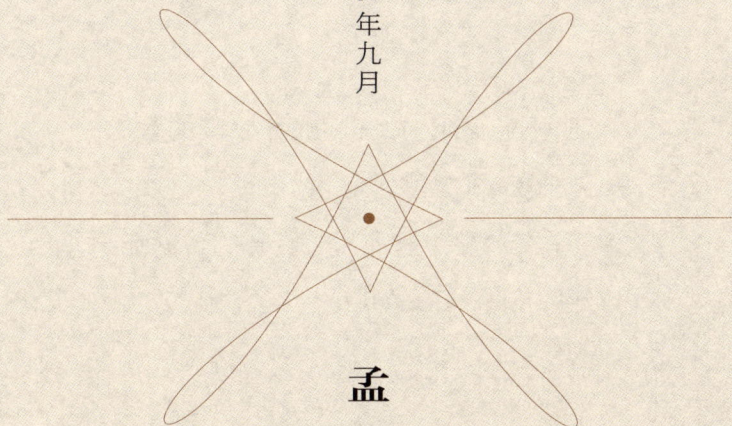

公元前 312 年九月

孟 子

三宿而出昼

太阳刚过头顶。在齐国通往宋国的官道上，五六十辆牛车颠簸。

　　孟子在第一辆牛车上，半躺半靠。瘦削的脸上，胡须花白，目光如炬。

孟　子

　　约公元前 372—前 289 年，姬姓，孟氏，名轲，字子舆（一说字子车、子居）。战国时期邹国（今山东邹城）人。

太阳刚过头顶。在齐国通往宋国的官道上，五六十辆牛车颠簸。

孟子在第一辆牛车上，半躺半靠。瘦削的脸上，胡须花白，目光如炬。

弟子万章、公孙丑、彭更、屋庐子坐在两侧。

彭更向后看了看，"后车数十乘，从者数百人"（《孟子·滕文公下》），后面跟着几十辆牛车、几百个弟子。

［古文原句］

彭更问曰："以传食于诸侯，不以泰乎？"孟子曰："非其道，则一箪食不可受于人；如其道，则舜受尧之天下，不以为泰。子以为泰乎？"（《孟子·滕文公下》）

［白话文］

彭更问孟子："我们这么多人，从一个国家吃到另一个国家，老师，是不是有点儿过分啊？"孟子说："假如不符合道义，即使一筐饭，我也不会接受。如果符合道义，舜从尧那里把整个天下都接受下来，也不过分。"

"你认为我过分吗？"孟子问彭更，然后指着斜出去的小路，"我们在昼邑住下吧。"

弟子们很惊讶。这里离宋国的地界只有一箭之地，而且天色还早，计划是晚上住在宋国。但是，他们知道夫子倔强，决定一出，无人能改。

牛车拐上小道。

小道尽头有一个村庄：昼邑。

孟子心情很不好。

前年，因为燕哙王（公元前321—前316年在位）效仿尧舜禹，把王位禅位给相国子之，盲目信任，导致燕国陷入混乱。

齐宣王（公元前350—前301年在位）要出兵讨伐，派人请教孟子可不可以。

孟子说可以。

齐宣王讨伐成功，想占领燕国，请教孟子可不可以。

孟子说不可以。

齐宣王没有听孟子的，取了燕国，杀了燕哙王和子之。

诸侯国不答应了，一起讨伐齐国。

齐宣王喜欢听齐奏。他有一支著名的竽队，三百人一起吹竽。他邀请孟子欣赏竽队演出，还特地把竽队首席南郭先生介绍给孟子。

"诸侯多谋伐寡人者，何以待之？"（《孟子·梁惠王下》）齐宣王请教孟子，应该怎么应对目前这个局面。

[古文原句]

孟子对曰："臣闻七十里为政于天下者，汤是也。未闻以千里畏人者也。"（《孟子·梁惠王下》）

[白话文]

孟子回答说："我听说凭七十里见方的一大块儿地方统一天下的——商汤就是这样，没有听说拥有千里见方的地方还怕别人的。"

"天下百姓，信任商汤。商汤向东征伐，西边的百姓埋怨，为什么不先征伐我们这里；商汤向南征伐，北边的百姓埋怨，为什么不先征伐我们这里。"孟子响亮地说。

"商汤哦——"齐宣王对商朝的开国君主商汤（约公元前1670—约前1587年）是服帖的。

"商汤的军队每到一个地方，赶集的照常做买卖，种田的照常干农活。商汤杀暴君、慰问百姓，他的善行像是久旱之后的甘霖，让百姓欣喜。"孟子苍白的脸上，浮现出兴奋的红晕，"燕国虐待百姓，大王去征伐，百姓都以为会拯救他们于水火，所以用竹筐盛饭、用瓦壶装酒，迎接大王的军队。大王和商汤一样。"

"是的！"大夫们看着齐宣王，这些情景仿佛就发生在昨天。

"但是！"孟子收敛笑容，"大王杀戮他们的父兄，囚禁他们的子弟，毁坏他们的宗庙，搬走他们的国宝，那怎么行呢？燕国百姓一定会反对大王——"

"呃——"齐宣王倒吸了一口冷气。

"而且，诸侯本来就畏忌齐国强大，现在齐国的土地扩大了一倍，却不施行仁政，诸侯当然要联手出兵攻打大王……"孟子慷慨激昂，一点儿不像快六十岁的人。

"呵呵！"齐宣王暗笑。孟子每次滔滔不绝，最终归结到"仁政"上。儒家的"仁政"，怎么说都好听，只是现在各国都信奉法家、兵家——秦用法家商鞅，富国强兵；楚、魏用兵家吴起，以弱胜强；齐国用兵家孙膑、田忌，国力强盛，诸侯朝拜。而孟子的"仁政"，"迂远而阔于事情"（《史记·孟子荀卿列传》），被公认为迂腐、空谈，对处理具体事情没有价值。

"那——怎么办？"齐宣王不得不打断孟子的话。

［古文原句］

王速出令，反其旄倪，止其重器，谋于燕众，置君而后去

之，则犹可及止也。(《孟子·梁惠王下》)

[白话文]

大王赶快发布命令，把被抓的老人和孩子送回去，停止搬运燕国的宝器，再同燕国人商量，选立一个新国君，然后撤离燕国，那么还来得及阻止各国动兵。

齐宣王差一点儿笑起来。哪有把到手的土地、百姓拱手相让的？他在欢快的竽声中，恭恭敬敬地送走孟子。

孟子不甘心，要再见齐宣王。

[古文原句]

王使人来曰："寡人如就见者也，有寒疾，不可以风。朝将视朝，不识可使寡人得见乎？"对曰："不幸而有疾，不能造朝。"(《孟子·公孙丑下》)

[白话文]

齐宣王派人向孟子解释："我应该到您这儿来看望您，但是我感冒了，不能见风。明天早上我上朝，不知道可不可以见到您。"孟子说："很不幸，我也有病，不能去。"

第二天，孟子要去吊唁去世的东郭大夫。

公孙丑急忙说："夫子，你昨天生病，说今天不能上朝，可今天却去奔丧。"

"我昨天生病，今天好了，不行啊？"孟子刚烈地说。

孟子刚走，齐宣王派来的医生赶到了。

孟子的弟弟兼弟子季仲子一边对王医说，我哥哥昨天生病，今天好了，已经在去见大王的路上了；一边派人四处拦截孟子，让他不要回家，改道去上朝。

孟子干脆到朋友景丑家借宿了。

景丑看不下去，责怪孟子对齐宣王一点儿都不敬重。

"齐国没有人向大王提'仁政'，这是对大王最大的不敬。可我向大王提'仁政'啊。"孟子说，"他们天天和大王在一起，只是小敬，我才是大敬！"

孟子又从尧舜、商汤，讲到齐桓公，又说到伊尹、管仲等贤大夫，阐释了什么是"大敬、大义、大德、大道"，绕了一大圈，滔滔不绝。

景丑瞠目结舌。

齐宣王没有听孟子的，取了燕国。结果，燕国背叛齐国，诸侯一起讨伐齐国。齐宣王不得不退兵，燕哙王的儿子职继位，为燕昭王。

高 颂

"吾甚惭于孟子！"（《孟子·公孙丑下》）齐宣王觉得非常惭愧，很对不起孟子。

"大王不要难过。"大夫陈贾安慰齐宣王说，"我去向孟子解释。"

"周公是怎样的人？"陈贾问孟子。

孟子说："古代的圣人。"

"他派管叔监督殷人，管叔却带着殷人叛乱，有这回事吗？"陈贾问。

孟子说："有。"

"周公是知道他会反叛而派他去的吗？"陈贾问。

孟子说："不知道。"

"这么说来，圣人也会有过错了？"陈贾很高兴，能言善辩的孟子钻进了他的圈套。

陈贾说的是历史上的一件事情。周武王伐纣灭商之后，派纣王的儿子武庚去管理商朝旧都（今河南安阳），再派管叔以及蔡叔、霍叔去监视。周武王死后，管叔等人和武庚联手发动叛乱。

"呵呵！"孟子一声冷笑，"古代的君子过错就像日食、月食，百姓都看得见；等他改正了，百姓都仰望他。现在的君子，不但一味错下去，还要为错误辩护。"

擇鄰訓子幼　　　蓺苑霜繢歲

三遷童習長　　　月邊怨先妙

成善毓賢亞　　　蹟貌先賢從

聖永昭名不　　　今呵護知增

朽披圖景仰　　　重為有

古風傳〔印〕　　天題萬禩傳

宋 郭忠恕 《宋元名绘册孟母三迁图》

脸面撕破。

孟子只有离开齐国。

昼邑是一个大村子，沿河排开，三百来户人家。村民们早就听说过孟子。现在孟子来了，他们杀鸡宰猪。他们还把村子中央的空地打扫干净，洒水降温，摆上竹席、草垫，又在四周点燃草堆，既照明，又熏蚊虫。

"你认为我过分吗？"孟子又问彭更。

孟子盘腿坐在草垫上。弟子们坐在他面前，弟子们后面是黑压压的村民。

"我的意思是，"彭更说，"'士无事而食，不可也。'（《孟子·滕文公下》）我们这些读书人，什么事都没有做，白白地吃饭，不行啊。"

"木匠、车工，给人干活，就会有饭吃。"孟子说，"我们坚守先贤、圣王之道，形成学说，宣传主张，你能说我们不是干活吗？我们是吃干饭吗？"

［古文原句］

故曰或劳心，或劳力。劳心者治人，劳力者治于人；治于人者食人，治人者食于人：天下之通义也。"（《孟子·滕文

高 颂

公上》）

所以有这样的说法：部分人用脑子劳动，部分人用体力劳动。脑力劳动者统治人，体力劳动者被人统治。被统治者供养统治者的生活，统治者的生活由被统治者供养——这是天下的规范。

孟子在昼邑住了一个晚上，又住了一个晚上，再住了一个晚上。

孟子舍不得离开齐国。他心存希望。如果齐宣王改变主意，一定会派人追上来，请他回去。

"孟轲，驺人也。受业子思之门人。"（《史记·孟子荀卿列传》）孟子出生在邹（驺即邹）国（今山东邹城），四岁丧父，跟随母亲。"昔孟母，择邻处。子不学，断机杼。"（《三字经》）母亲是他的启蒙老师。他十六岁的时候去鲁国学习，拜孔子的孙子孔伋的弟子为师。

有一天，孟子听说齐威王广招人才，在临淄（今山东淄博）一处城门附近设立"稷下学宫"，尤其听到"邹忌讽齐王纳谏"的消息，兴冲冲来到齐国。

稷下学宫集中了当时天下几乎所有的儒家、墨家、法家、名家、阴阳家、纵横家、道家、兵家、农家等代表人物，最多时上千人。他们在这里衣食无忧，高谈阔论，著书立说，招徒育才，资政议政。

这是孟子心仪的地方。他平时不爱多话，但是只要遇到辩论，就精神十足、精光四射，金句迭出、满座惊叹！

鱼，我所欲也。熊掌，亦我所欲也。二者不可得兼，舍鱼而取熊掌者也。生，亦我所欲也。义，亦我所欲也。二者不可得兼，舍生而取义者也。(《孟子·告子上》)

天时不如地利，地利不如人和。……得道者多助，失道者寡助。寡助之至，亲戚畔之；多助之至，天下顺之。(《孟子·公孙丑下》)

君子以仁存心，以礼存心。仁者爱人，有礼者敬人。爱人者人恒爱之，敬人者人恒敬之。(《孟子·离娄下》)

富贵不能淫，贫贱不能移，威武不能屈。此之谓大丈夫。(《孟子·滕文公下》)

我知言，我善养吾浩然之气。(《孟子·公孙丑上》)

孟子好像总是对的，而且越说越对；你本来以为自己是对的，只要孟子一开口，你一定是错的，而且越来越错。

孟子"抬杠式"的辩风，所向披靡。

　　　　　　　　　　　　　　　　　　　高　颂

除了因为母亲去世，回鲁国守孝三年；除了因为齐威王不接受"仁政"主张，在宋、滕、鲁、梁等国周游四年外，孟子一直在齐国。"士之仕也，犹农夫之耕也。"（《孟子·滕文公下》）读书人出来任职做官，好像农夫从事耕作，是他的职业。他渴望得到机会。

齐威王去世，齐宣王继位。孟子多次和齐宣王论政。齐宣王可以把"卿大夫"职位授予孟子，但是，不接受、不推行孟子的"仁政"主张。

［古文原句］
予三宿而出昼。（《孟子·公孙丑下》）
［白话文］
我住了三天才离开昼邑。

第四天早上，牛车队离开昼邑。

孟子出齐国，经过宋国，回到邹国。属于他的日子，好像从来就没有到来过，但是，也好像从来就没有失去过。

孟子从此不出游，和弟子万章、公孙丑等设问作答，著《孟子》。

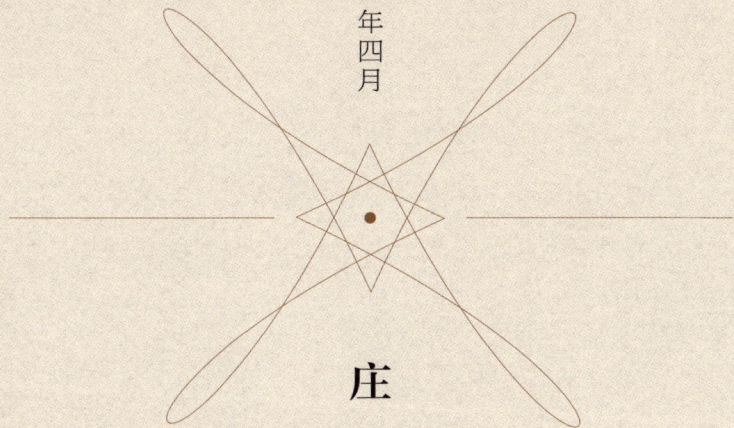

公元前 310 年四月

庄 子

·

你为什么没有歌？

新鲜、湿润的黄土堆成半人高的小丘。小丘像老人端坐，稳重无声。天亮之前，这里还是平地，现在凸出来一个标记，告诉大家下面有人。

庄 子

约公元前369—约前286年，名周，字子休（一说子沐）。战国时期宋国蒙（今河南商丘东北，一说今安徽亳州蒙城）人。

庄子披头散发，敞开上衣，裤腿沾满泥巴，一只脚穿着草鞋，一只脚光着。

漫野的荞麦青青。紫色的蚕豆花，沿田埂两边开放。半野里有一条小河，蜿蜒着横贯东西。河岸隔一段就站着一棵杨柳。远看，杨柳撑起一蓬蓬嫩绿；近看，万千枝条带着鹅黄的柳芽，在风中飘拂。

昨夜下了一场小雨，天地之间像刚被清水洗过。

蓝蓝的天空中，有几只鸟在滑翔，在振翅，在鸣叫；有的像箭头一样射到麦地里，或者柳树上。

三月，什么都有。

还有一座新坟。

新鲜、湿润的黄土堆成半人高的小丘。小丘像老人端坐，稳重无声。天亮之前，这里还是平地，现在凸出来一个标记，告诉大家下面有人。

下面是惠施（约公元前 370—约前 310 年）。

送葬的队伍围成一圈，坟在中间。

"哎，庄子。"有人收住抽泣，拍拍庄子，"惠施是你的朋友，你怎么不说话？"

庄子没有回答。

"你唱歌吧，你又不哭。"有人递给庄子一个瓦罐。

庄子没有接。

［古文原句］

庄子妻死，惠子吊之，庄子则方箕踞鼓盆而歌。惠子曰："与人居长子，老身死，不哭亦足矣，又鼓盆而歌，不亦甚乎！"庄子曰："不然。是其始死也，我独何能无概然！察其始而本无生，非徒无生也，而本无形，非徒无形也，而本无气。"（《庄子·至乐》）

［白话文］

庄子的妻子死了，惠施前往吊唁。庄子分开双腿，像簸箕一样坐着，一边敲打瓦缶一边唱歌。惠施说："你和你的妻子生活一辈子，她帮你养大孩子，现在老死了，你不伤心也就算了，却敲着瓦缶唱歌，太过分了吧！"庄子说："惠施，你说得不对。她刚死，我怎么能不伤心呢！但是仔细想想，人的生命原本就没有形体、气息。她原本就没有出生，不仅没有出生而且本来就不曾形成形体，不仅不曾形成形体而且本来就没有形成元气。"

"……"惠施看着庄子，目光里充满惊奇。这个不修边幅，但是干干净净的同乡，太不一般了。

高 颂

庄子看见泉水枯竭，鱼儿被困，互相吐气取得一点儿湿气。很多人被这个画面感动，他却说："相濡以沫，不如相忘于江湖。"（《庄子·大宗师》）鱼儿以唾沫相互润湿，不如在江湖里彼此没有联系。

庄子做梦，梦见自己变成了一只蝴蝶。这本是一个普通的梦，他却问："不知周之梦为胡蝶与，胡蝶之梦为周与？"（《庄子·齐物论》）不知是庄周做梦变成蝴蝶呢，还是蝴蝶做梦变成庄周？

［古文原句］

鹏之徙于南冥也，水击三千里，抟扶摇而上者九万里，去以六月息者也。（《庄子·逍遥游》）

［白话文］

大鹏迁徙，去南方的大海。翅膀拍击水面，激起三千里波涛；凭借飓风盘旋而上，直冲九万里高空。大鹏从北海到南海，用了六个月的时间，才停歇下来。

［古文原句］

天地有大美而不言，四时有明法而不议，万物有成理而不说。圣人者，原天地之美而达万物之理。（《庄子·知北游》）

天地大美，但是不言；四季分明，但是不语；万物有序，但是不说。圣人能通过天地的壮美，而通达万物的道理。

惠施搞不清楚，庄子大部分时间远离闹市，行走于阡陌，这些独特、绮丽、豁达、恢宏的思想和见解，是从哪里来的。

庄子在瓦缶上拍打着说："她在恍惚之间，因为变化有了元气，元气变化而有了形体，形体变化而有了生命，如今变化又回到死亡，这就跟春夏秋冬四季运行一样。"庄子指着妻子说："她在天地之间那么安详，我却围着她哭哭啼啼，我认为这是不懂道理，所以就不哭。"

"……"惠施不知道从哪里插话。他每次都被庄子没有界限的想法震惊，跟不上节奏。他其实并不赞成庄子主张的石破天惊，但是敬重庄子思想的天马行空。

惠施围着躺着的庄子的妻子和坐着的庄子，绕了三圈，走了。

庄子，现在惠施死了，你没有哭，但是你又为什么没有歌？

庄子和惠施是同乡，年龄相仿，但是志不同，道也不合。

［古文原句］

庄子者，蒙人也，名周。周尝为蒙漆园吏，与梁惠王、齐宣王同时。其学无所不窥，然其要本归于老子之言。(《史记·老子韩非列传》)

［白话文］

庄子是蒙城人，名周。庄周曾经做过蒙城的漆园吏，主要监督蒙城专门种植漆树的园子——漆园的种植和生产等事，与梁惠王、齐宣王是同时代的人。他学识渊博，无所不通，但是学术的根本在老子那里。

庄子属于以老子为代表的道家学派。诸侯有为，争霸天下，庄子"无为"，天人合一。

司马迁的《史记》没有记载惠施的事迹。

惠施是名家学派的开山鼻祖。儒家、道家、法家、墨家等诸多学派盛行，名家学派虽然影响不是最大的，却个个巧舌如簧。他们重视逻辑关系，主张研究宇宙万物构成的原因，进而找到规律。惠施因为博学多才、能言善辩，"抗秦"的主张被魏惠王（公元前370—前319年在位）采纳，不仅参与制定国策，还活跃在"国际"舞台。

元　虞集　《庄子内篇》

莊子外篇

刻意

刻意尚行，離世異俗，高論怨誹，為亢而已矣；此山谷之士，非世之人，枯槁赴淵者之所好也。語仁義忠信，恭儉推讓，為修而已矣；此平世之士，教誨之人，遊居學者之所好也。語大功，立大名，禮君臣，正上下，為治而已矣；此朝廷之士，尊主強國之人，致功并兼者之所好也。就藪澤，處閒曠，釣魚閒處，無為而已矣；此江海之士，避世之人，閒暇者之所好也。吹呴呼吸，吐故納新，熊經鳥申，為壽而已矣；此道引之士，養形之人，彭祖壽考者之所好也。若夫不刻意而高，無仁義而修，無功名而治，無江海而閒，不道引而壽，無不忘也，無不有也，澹然無極而眾美從之。此天地之道，聖人之德也。

故曰，夫恬惔寂漠虛無無為，此天地之平而道德之質也。故曰，聖人休休焉則平易矣，平易則恬惔矣。平易恬惔，則憂患不能入，邪氣不能襲，故其德全而神不虧。

故曰，聖人之生也天行，其死也物化；靜而與陰同德，動而與陽同波；不為福先，不為禍始；感而後應，迫而後動，不得已而後起。去知與故，循天之理。故無天災，無物累，無人非，無鬼責。其生若浮，其死若休。不思慮，不豫謀。光矣而不耀，信矣而不期。其寢不夢，其覺無憂。其神純粹，其魂不罷。虛無恬惔，乃合天德。

故曰，悲樂者，德之邪也；喜怒者，道之過也；好惡者，德之失也。故心不憂樂，德之至也；一而不變，靜之至也；無所於忤，虛之至也；不與物交，惔之至也；無所於逆，粹之至也。

故曰，形勞而不休則弊，精用而不已則勞，勞則竭。水之性，不雜則清，莫動則平；鬱閉而不流，亦不能清；天德之象也。故曰，純粹而不雜，靜一而不變，惔而無為，動而以天行，此養神之道也。

夫有干越之劍者，柙而藏之，不敢用也，寶之至也。精神四達並流，無所不極，上際於天，下蟠於地，化育萬物，不可為象，其名為同帝。純素之道，唯神是守；守而勿失，與神為一；一之精通，合於天倫。野語有之曰：眾人重利，廉士重名，賢士尚志，聖人貴精。故素也者，謂其無所與雜也；純也者，謂其不虧其神也。能體純素，謂之真人。

元 虞集 《庄子外篇》

魏惠王重用惠施的时候，孟子正在魏国。魏惠王问政孟子，却没有重用孟子。

最初，庄子和惠施的关系并不好。

［古文原句］

惠子相梁，庄子往见之。或谓惠子曰："庄子来，欲代子相。"于是惠子恐，搜于国中三日三夜。庄子往见之，曰："南方有鸟，其名为鹓雏，子知之乎？夫鹓雏发于南海，而飞于北海，非梧桐不止，非练实不食，非醴泉不饮。于是鸱得腐鼠，鹓雏过之，仰而视之曰：'吓！'今子欲以子之梁国而吓我邪？"（《庄子·秋水》）

［白话文］

惠施做了梁国的国相，庄子去看望他。有人告诉惠施说："庄子到梁国来，想取代你做宰相。"惠施非常害怕，在大梁搜捕三天三夜。庄子去见他，说："南方有一种鸟，名字叫鹓（yuān）雏，你知道吗？从南海起飞，飞到北海去，不是梧桐树不栖息，不是竹子的果实不吃，不是甜美的泉水不喝。这时候，猫头鹰拾到一只腐臭的老鼠，鹓雏正好从它头顶飞过。它仰头，发出'吓'的怒斥声。现在你也想用你的梁国来'吓'我吧？"

高 颂

庄子名声显赫，惠施提防着他。其实大可不必。"相"在惠施是宝贝，在庄子是腐鼠。两人对"为相"的态度截然不同。

"梁相死，惠子欲之梁，渡河而遽堕水中，船人救之。"（西汉·刘向《说苑·杂言》）公元前 361 年，魏惠王把都城从安邑（今山西夏县西北）迁到大梁（今河南开封西北）。魏国都城大梁的丞相去世了，惠施想要去梁地出任这个职位，生怕去晚了魏惠王换了别人，于是匆忙赶路，不小心掉到了河里，幸好被船夫救了上来。

庄子在濮水边钓鱼，楚威王派两位大臣去邀请："愿以境内累矣！"（《庄子·秋水》）他们说楚王希望能将国家大事托付给庄子，庄子受累了。庄子手握钓竿，头也不回："我听说楚国有一只神龟，活了三千年才死去。楚王用布巾盖着，用竹箱珍藏着，供奉在宗庙里。这只神龟是宁愿留下骨骸以显示尊贵呢，还是宁愿在泥水里拖着尾巴而活着？"两位大臣说，宁愿拖着尾巴活在泥水里。庄子说："往矣！吾将曳尾于涂中。"（《庄子·秋水》）你们请回！我也将拖着尾巴生活在泥水里。

太阳从地头升起来，金色而温润的光芒四射。庄稼的一根根茎、一片片叶昂扬起来，像被涂上了一抹红色。柳枝的影子落在新坟上，如同一只只轻柔的手，在不停地抚摸。

太阳升起之前，让逝者沉入地下。从黑暗中来，回到黑暗中去，这是规律，就像太阳从夜里升起，又落入夜里。

庄子，现在惠施死了，你没有哭，但是你又为什么没有歌？

公元前322年，魏惠王启用"连秦"的张仪（约公元前373—约前310年），弃用"抗秦"的惠施。惠施不得不离开魏国，经楚国，楚国不留，只得回到老家宋国。

庄子和惠施在宋国都城商丘相遇。庄子具有哲学艺术家的风貌，汪洋恣肆；惠施具有逻辑家的个性，环环相扣。同乡不期而遇，忽然间惺惺相惜，两个同乡成为朋友。

有一天，庄子和惠施沿着濠河散步。

[古文原句]

庄子曰："儵（shū）鱼出游从容，是鱼之乐也。"惠子曰："子非鱼，安知鱼之乐？"庄子曰："子非我，安知我不知鱼之乐？"惠子曰："我非子，固不知子矣；子固非鱼也，子之不知鱼之乐全矣！"庄子曰："请循其本。子曰'汝安知鱼乐'云者，既已知吾知之而问我，我知之濠上也。"（《庄子·秋水》）

高 颂

庄子说："儵鱼（俗称"白鲦鱼"）在河水中悠闲自得，鱼很快乐啊。"惠施说："你又不是鱼，哪里知道鱼的快乐？"庄子说："你不是我，怎么知道我不知道鱼的快乐？"惠施说："我不是你，固然不知道你；那你本来就不是鱼啊，你也不知道鱼的快乐，这是肯定的！"庄子说："请回到话题的本源。你问'哪里知道鱼的快乐'，说明你已经知道我知道鱼快乐而在问我。我告诉你，我是在濠河的桥上知道的。"

庄子把惠施的否定词"哪里"，解释为自己的疑问词"什么地方"。你问我哪里知道鱼的快乐，我是在桥上知道的。看起来是偷换概念，仔细想想，庄子不正是在桥上知道的吗？看似问题很复杂，其实是想复杂了，问题的核心质朴而简单。

大道至简。

又一天，庄子和惠施看到一个大葫芦。

惠施说："大葫芦很大，可是有什么用呢？装水吧，太脆，不能提举；当瓢吧，太浅，什么也装不了。"

庄子说："你傻啊！不是它大而无用，是你不会用它的大。你就不会把它系在腰上，用来浮游江湖？"

惠施关心的是有形而有用，庄子却把有形说成无形。

大道无形。

太阳升到东方的树木之上。风大了一些，带着暖意。万千枝条飘扬，好像要乘风而去，又都依依不舍。鸟多了，天地之间的明亮给了它们胆量。它们飞起来，跳起来，叫起来；它们为又度过一个危机四伏的夜晚欢呼，也为能开始新的一天振奋。

庄子，现在惠施死了，你没有哭，但是你又为什么没有歌？

庄子论战无对手，孤立于群雄，孤傲于乱世，孤独于荒野。"以天下为沉浊，不可与庄语；……独与天地精神相往来。"（《庄子·天下》）他认为天下混浊，无法和人进行庄重的谈话……只得独自和天地精神相往来。

幸好，天赐一位对手惠施。

"惠施多方，其书五车"（《庄子·天下》），庄子说惠施知识渊博、读书很多。惠施也自认为"天地其壮乎！""施存雄而无术"（《庄子·天下》），天地虽然那么大，只要有我惠施的雄才在，就无人敢称自己有辩才。然而，庄子常常胜过惠施，惠施总是被压倒。

但是，这并不影响他们成为朋友。

但是，即使是朋友，庄子也看不上惠施的才能："由天地之道观惠施之能，其犹一蚊一虻之劳者也。"（《庄子·天下》）从天地之道来看惠施的才能，就像蚊虫那样徒劳。

但是，即使庄子看不上惠施的才能，也不影响他们是朋友。

庄子只有惠施。

庄子，现在惠施死了，你没有哭，但是你又为什么没有歌？

庄子坐在惠施的坟上，双手放在膝盖上，这是他开讲的招牌动作。

庄子对送葬的人群说了一个故事：

楚国有一个人，在鼻尖上涂抹像苍蝇翅膀那么薄的石灰，让一名石匠把石灰削掉。这个石匠挥动斧子，刹那间，那人鼻尖上的石灰被削得一干二净，而被削的人镇定自若。宋元君听说了，招来那个石匠，想让他再来一次。石匠说："我以前是可以做到的，但和我搭档的那个人早就死了！"

从此，庄子不再说话。

二十四年后，卒。

公元前 278 年五月

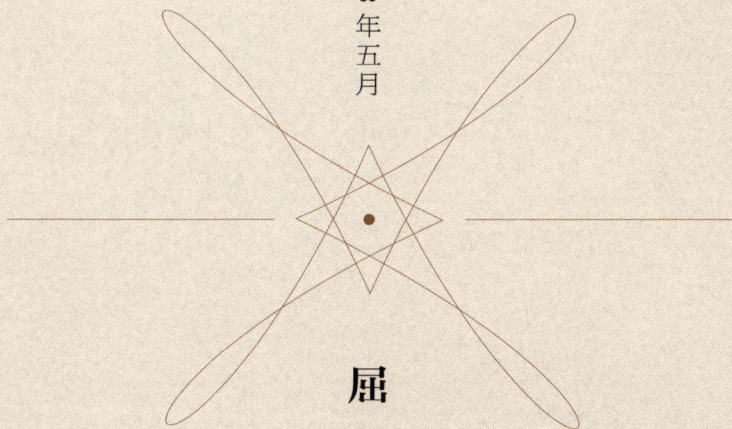

屈 原

·

走向汨罗江深处

屈原扑向江边，像在沙漠中跋涉多时的
旅客。

屈原不是要喝水。

屈　原

公元前340—前278年，芈（mǐ）姓，名
平，字原；又名正则，字灵均。战国时期楚国
丹阳秭归（今湖北宜昌）人。

"哗哗哗——"

屈原听到了水声。他一激灵，好像在炎热的太阳炙烤下，大水从天而降，把他浇透，说不出的舒坦。他挂着一根竹子做的拐杖，拨开树枝、踩着灌木，踉跄着向前。他看到江水在树与树的空隙间流动，像一条白龙穿行。"刺啦——""刺啦——"长衫一次次被树枝勾住，扯成一条条、一缕缕。

破碎的衣衫，像临风的衣袂飘飘。

屈原扑向江边，像在沙漠中跋涉多时的旅客。

屈原不是要喝水。

[古文原句]

朝饮木兰之坠露兮，夕餐秋菊之落英。(《离骚》)

[白话文]

早晨饮木兰欲滴的露珠，晚上吃秋菊飘零的花瓣。

长路漫漫。屈原有自己的生活方式。树叶、草尖、花瓣上的露水，足够解渴。他是急着要用水好好地洗一洗。

公元前 340 年正月初七，屈原出生。"帝高阳之苗裔兮，朕皇考曰伯庸。"(《离骚》)我是古帝高阳氏的子孙，我去世的父亲叫伯庸。

春秋时期，楚武王熊通的儿子被封在"屈"地，叫屈瑕，所以他的后代就姓屈。

屈原的父亲叫屈伯庸。父亲给他取名字，名平、字原，又名正则、字灵均。平是公正如天，原是宽厚如地；正则是公正守则，灵均是神灵和谐。

屈原在《九章·惜诵》说："忽忘身之贱贫。"到了他这一代，应该家道中落了。

[古文原句]

纷吾既有此内美兮，又重之以修能。（《离骚》）

[白话文]

先天有贵族的高贵，又特别注重后天的修炼。

修炼的最好途径，就是读书。

屈原从小喜欢读书。

有一天，屈原在山上发现一个石洞。石洞宽敞、幽静，洞壁上布满天然形成的图案。他每天进洞，手不释卷。疲倦了，他就对着洞壁上神秘美丽的图案遐想。

[古文原句]

遂古之初，谁传道之？上下未形，何由考之？冥昭瞢

（méng）暗，谁能极之？冯翼惟象，何以识之？明明暗暗，惟时何为？（《天问》）

［白话文］

天地之初，谁把道传到宇宙？人未出世，道从哪里产生？天地混沌，谁能探究根本？迷迷蒙蒙，怎么将它认清？昼夜轮转，究竟是什么原因？

洞里突然来了一位老人。

老人披头散发、满脸皱纹，仙风道骨、声如童子。他讲儒家、道家、法家、远古传说，唱民间歌谣、祭祀鬼神的巫歌、安葬死者的丧歌。

屈原问老者是谁。

"巴山野老。"老者一笑说。

屈原手拄竹杖，恍惚间，那是一把宝剑。

［古文原句］

操吴戈兮被犀甲，车错毂（gǔ）兮短兵接。旌蔽日兮敌若云，矢交坠兮士争先。（《九歌·国殇》）

［白话文］

手持兵器，身披铠甲；战车交错，戈剑相接。旌旗蔽日，敌兵如云；箭镞如雨，勇士当先。

公元前321年，屈原在老家乐平里读书，一小股秦军攻入乐平里。他把青年组织起来，巧妙利用地形和敌人周旋，打跑了秦军。

第二年，楚怀王熊槐听说了屈原抗秦的事迹，任命他为鄂渚（今湖北武昌黄鹤山附近）县丞，协助县令处理各种政事。

又过一年，公元前319年，楚怀王任命屈原为左徒（周朝楚国特有的官名），并且立刻出使齐国，联齐抗秦。

这一年，屈原二十一岁。峨冠、青衣、长袍、大袖、白襟、黑带，气宇轩昂。

［古文原句］

明于治乱，娴于辞令。入则与王图议国事，以出号令；出则接遇宾客，应对诸侯。王甚任之。（《史记·屈原贾生列传》）

［白话文］

通晓治乱之法，擅长外交辞令。对内，同楚王谋划国家大事，颁发号令；对外，接待宾客，酬答各国诸侯。楚王很信任他。

高 颂

楚怀王重用屈原，是要做两件大事。一件大事对外，合纵抗秦。一件大事对内，加快变法。

屈原两件大事做得都非常好。抗秦联盟成立，可保楚；国力明显上升，可强楚。

问题来了。第一件事做得好，让上官大夫等人丢了面子；第二件事做得好，让上官大夫等人丢了利益。

［古文原句］

上官大夫与之同列，争宠而心害其能。（《史记·屈原贾生列传》）

［白话文］

上官大夫以及和他职位相等的人，想争得楚王的宠爱，嫉妒、害怕屈原的才能。

上官大夫等人诬告屈原贪天功为己有。

楚怀王一开始不相信。上官大人们一直造谣，一直诽谤。一万个人的口水，能把金子销毁。楚怀王逐渐信以为真，疏远屈原，贬为三闾大夫；再把屈原逐出郢都（今湖北江陵），流放汉北（今湖北省境内）。

这要造多大的谣，又是多么恶毒的诽谤，才能让楚怀王把最为信赖的屈原，贬职、流放？

清 佚名 《湘江八景山水手卷之一》（节选）

［古文原句］

有鸟自南兮，来集汉北。好娉（kuā）佳丽兮，胖（pàn）独处此异域。(《九章·抽思》)

［白话文］

鸟儿来自南方，飞落汉水以北。羽毛多么美丽，异乡孤单徘徊。

公元前304年，屈原走上了第一次流放之路。他郁闷、伤心、愤怒、担忧。他不是为自己遭受不公正，而是为楚国即将面对灭顶之灾。

屈原愤而作《离骚》。

［古文原句］

荃不察余之中情兮，反信谗而齌（jìn）怒。余固知謇（jiǎn）謇之为患兮，忍而不能舍也。指九天以为正兮，夫唯灵修之故也。(《离骚》)

［白话文］

君主不能察我心，听信谗言发雷霆。我知直谏招灾祸，不忍山河遭沉沦。手指苍天为做证，一片忠心只为君！

高　颂

［古文原句］

宁溘死以流亡兮，余不忍为此态也。鸷（zhì）鸟之不群兮，自前世而固然。（《离骚》）

［白话文］

宁愿暴死尸漂江河，绝不妥协同流合污。鸷凤家雀不能合群，自古本来泾渭分明。

秦国见屈原被贬、流放，马上离间楚国和齐国。楚怀王内外交困，丢城失地。楚国岌岌可危！

公元前299年，屈原被召回到郢都。他矢志不渝，依旧主张抗秦。但是，正确的主张，依然得不到重视和采纳。

之前是上官大夫等人嫉贤妒能，现在是楚怀王的小儿子包藏祸心。结果，楚怀王不听屈原的劝说，"秦虎狼之国，不可信，不如毋行"（《史记·屈原贾生列传》），被秦昭王诱骗，软禁咸阳，最后客死他乡。

屈原离开郢都，已经十八年。

屈原六十二岁了。

六十二岁的屈原，从树丛里冲出来，汨罗江横在面前。江面宽阔，水流徐缓，水碧如天。他收不住脚，也不想收住脚，奔向水边。

"啪！"屈原被一块石头绊了，身体摔向前。他可以先跪下膝盖，再双手撑地，给年迈体衰一个缓冲。他不愿意跪下。膝下有金，只跪大王，只跪楚国，只跪百姓，只跪天地。

屈原整面向前扑倒，竹杖摔在一边，额头撞在裸露的树桩上。血冒出额头，流下来，流到嘴角，有一股腥咸的味道。

顷襄王挥挥手。

屈原直起身，一躬到地，退出大殿。峨冠、青衣、长袍、大袖、白襟、黑带，转身而去。

公元前 296 年秋天的一个上午，太阳高照，丹桂飘香。

一团黑影从地面掠过。

屈原抬头，看见一只黑褐色的猫头鹰在飞。

猫头鹰炫耀地张开翅膀，用凤凰的姿态飞翔。只是，它没有凤凰那么从容的翅膀，产生的浮力支撑不住身体，像一块僵硬的石头下坠。

"喔呜呜——"猫头鹰发出像笑又像哭的叫声，急忙飞回大殿的阴影里。

[古文原句]

呜呼哀哉！逢时不祥。鸾凤伏窜兮，鸱（chī）枭翱翔。阘（tà）茸尊显兮，谗谀得志；贤圣逆曳兮，方正倒植。（西

汉·贾谊《吊屈原赋》)

［白话文］

唉！屈原所处的时代不好啊！鸾鸟凤凰躲藏流窜，猫头鹰却在翱翔。奸臣处处显贵，小人个个得志。贤才无法尽忠，君子不能报国。

这是一个颠倒的年代。

楚国形势越来越危急，楚国对屈原的围攻越来越猛烈。

公元前296年，屈原被顷襄王逐出郢都，走上第二次流放之路。

这要多大的仇恨，才能让顷襄王不顾国家安危，把一心为国的屈原再一次流放。

而且被流放到更加蛮荒的汉江之南。

遥遥无期。

屈原从郢都出发，顺江而下，过夏首（今湖北沙市东南），由洞庭湖进入长江，然后离开夏浦（今湖北汉口），到陵阳（今安徽青阳）。

十八年了。

屈原没有一天不想着郢都召他回去。但是，十八年来，郢都没有消息。他四十四岁出郢都，正值壮年，意气风发，峨冠、青衣、长袍、大袖、白襟、黑带。

十八年脚下艰难跋涉，内心痛苦煎熬，让他形如枯槁。宝剑不见了，只有一截竹杖；峨冠不见了，只剩下白发的头颅；青衣、长袍、大袖、白襟、黑带已经分辨不清，条条缕缕，像招魂的幡带。

屈原到了江边，试探着走进水里。水流冲击着他的身体，分向两边下泻。

晴天一身汗，雨天一身泥，粘在身上，皮肤上像穿了铠甲。

"若真是铠甲，也就好了。"屈原说。

有铠甲，就意味着面对敌人。面对敌人，或者生，或者死。现在，不生不死。

屈原没有铠甲，一身长衫破烂不堪，已经看不出最初的样子。即使有铠甲，他也穿不动，长衫遮不住瘦骨嶙峋。

一个渔夫紧张地看着屈原。他看不出这人是谁，但能感觉到高贵的气质、孤傲的精神。

莫非——

瘦高的老人，头发蓬乱、衣衫褴褛、披头散发、面色枯黄、精神萎靡，而且额头挂红、血如细蛇。他蹒跚着走进江水里。

再走两步，江水就要没过头顶了。

渔夫站起来，想要劝阻，却看见老者脱下布衫，清洗着。他放心地坐下。一个爱干净的人，是不可能自杀的。

[古文原句]

余幼好此奇服兮，年既老而不衰。带长铗（jiá）之陆离兮，冠切云之崔嵬（wéi）。被明月兮佩宝璐。（《九章·涉江》）

[白话文]

我从小喜欢这奇伟服饰，年老依然兴趣不减。腰挂长长的陆离剑，头戴高高的切云帽。身上披挂着珍珠，佩戴着美玉。

消息是前几天传过来的。

郢都沦陷了。秦军大破楚军，顷襄王逃到陈城（今河南淮阳）。

郢都在，国家就在，希望就在。郢都失，国家就失，希望就失。

屈原的心死了。

屈原清洗干净，穿上衣衫，回到岸上。衣衫紧贴在身上，瘦骨嶙峋，像多灾多难的山河。

"果然是三闾大夫！"渔夫认出来了，"您为什么来这里？"

屈原坦然地说："世界混浊，只我清白；众人沉醉，只我清醒。故被放逐于此。"

"世界混浊，您为什么不随大流？众人沉醉，您为什么不一醉方休？"渔夫惋惜地说，"您是君子，品质如同美玉，又有何用？还不是被放逐？"

屈原一笑说："我清白的身躯，怎么能蒙受外物的污染？我宁可投入大江、葬身鱼腹，也不能蒙受世俗的尘垢。"

［古文原句］

……定心广志，余何畏惧兮！曾伤爰哀，永叹喟兮。世溷（hùn）浊莫吾知，人心不可谓兮。知死不可让，愿勿爱兮。明告君子，吾将以为类兮。（《九章·怀沙》）

［白话文］

……我心已定，没有畏惧。悲伤不止，叹息不已。世间混浊，无人知我；人心险恶，无话可说。死无可避，慷慨赴死；生无可恋，不惜余生。磊落先贤，我之楷模！

屈原一身洁净，唱着《怀沙》，抱着石头，一步一步走向汨罗江深处。

五月初五，江水漫溢。

五十六年后，楚国（？—前223年）灭。

　　　　　　　　　　　　　　　　　　　高　颂

公元前 233 年七月

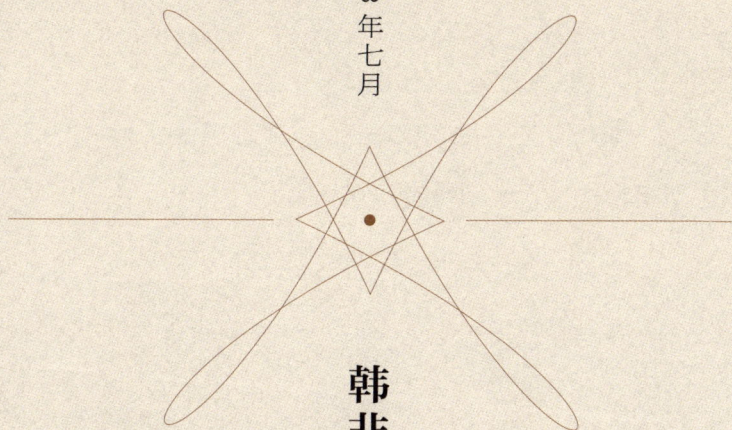

韩非子

人主亦有逆鳞

韩非子趴在墙角的石板上，听到声音，猛地抬头，目光穿过乱发看着门口。

韩非子

约公元前 280—前 233 年。战国时期韩国新郑（今河南新郑）人。

"吱呀——"囹圄的门轴发出呻吟般的响声。

韩非子趴在墙角的石板上，听到声音，猛地抬头，目光穿过乱发看着门口。

这是一间石头砌成的牢房。

牢房的门轴每天响三次。一次送早饭，一次送午饭，一次送晚饭。送来的饭菜，应该比其他牢房丰富，中午和晚上有荤，还有酒。其他牢房不会有这些，那些犯罪者好像两三口就吃完了，然后骂骂咧咧，说宁被处死，不被饿死。

"死——"韩非子每次听到这个词，心里总是一凛。死并不可怕，只是怕死在这里。但是，他知道不会死。他是韩国的公子，他是荀子（约公元前313—前238年）的学生，他和大秦丞相李斯（？—前208年）是同门师兄弟，他著作等身，他是秦王嬴政（公元前259—前210年）请来的客人。

［古文原句］

韩非者，韩之诸公子也。喜刑名法术之学，而其归本于黄老。非为人口吃，不能道说，而善著书。（《史记·老子韩非列传》）

［白话文］

韩非子是韩国的公子。他爱好刑名和法术之学，讲究名实相符、赏罚分明，理论基础来自黄帝和老子。韩非子有口吃的毛病，不善于讲话，但擅长著书立说。

齐、秦、韩、赵、魏、燕、楚等战国七雄，韩国的力量相对较弱。韩非子不忍心国家弱小下去，更不愿意看到国家就此消亡，一次次向韩桓惠王（公元前273—前239年在位）进谏，希望韩王励精图治、变法图强。

韩王无动于衷。

韩非子非常失望，改变策略，开始"观往者得失之变"（《史记·老子韩非列传》），分析历史上的治国得失，探索变弱为强的道路。他集法家思想之大成，才思敏捷、满腹经纶，写成《孤愤》《五蠹》《内外储》《说林》《说难》等著作，文采飞扬，气势如虹。

[古文原句]

当涂之人擅事要，则外内为之用矣。是以诸侯不因则事不应，故敌国为之讼；百官不因则业不进，故群臣为之用；郎中不因则不得近主，故左右为之匿；学士不因则养禄薄礼卑，故学士为之谈也。此四助者，邪臣之所以自饰也。重人不能忠主而进其仇，人主不能越四助而烛察其臣，故人主愈弊而大臣愈重。（《韩非子·孤愤》）

　　　　　　　　　　　　　　　　　　　高　颂

［白话文］

执掌大权的臣子独揽大权，满朝都为他所用。诸侯不依靠他，就做不了事，所以为他称颂；百官不依靠他，就得不到晋升，所以为他效劳；侍从不依靠他，就不能接近君王，所以为他隐瞒私情；文人、学者不依靠他，薪水就低、待遇就差，所以吹捧他。有这四种人帮助，奸诈的权臣就可以自我粉饰！如果权臣不能忠于君王、不能举荐和自己意见不同的人，如果君王不能跨越四种帮助他的人从而看清自己的臣子，那么，君主被蒙蔽就越重，他的权力就越大。

［古文原句］

今儒、墨皆称"先王兼爱天下"，则视民如父母。何以明其然也？曰："司寇行刑，君为之不举乐；闻死刑之报，君为流涕。"此所举先王也。夫以君臣为如父子则必治，推是言之，是无乱父子也。人之情性莫先于父母，父母皆见爱而未必治也，君虽厚爱，奚遽不乱？今先王之爱民，不过父母之爱子；子未必不乱也，则民奚遽治哉！且夫以法行刑而君为之流涕，此以效仁，非以为治也。夫垂泣不欲刑者，仁也；然而不可不刑者，法也。先王胜其法不听其泣，则仁之不可以为治亦明矣。（《韩非子·五蠹》）

现在儒家、墨家都称颂先王博爱天下，把民众当成父母。用什么证明呢？他们说："司寇执行刑法时，君主停止奏乐；君主听到罪犯被处决，难过得流下眼泪。"这就是他们所赞美的先王。如果认为君臣像父子，天下一定能治理得好，由此推断，父子之间就不会发生纠纷。人的感情没有能超过父母疼爱子女的，大家都疼爱子女，家庭却不一定和睦；君主即使深爱臣民，就能保天下安定吗？现在先王的爱民程度，不会超过父母爱子女，子女未必不背弃父母，那么民众怎么能治理好呢？而且，按照法令执行刑法，君主却难过流泪，这是用来表现仁爱，却不是用来治理国家的。流泪而不想用刑的，这是君主的仁爱；然而不得不用刑，这是国家的法令。先王首先要执行法令，不会听凭他们的流泪，那么，仁爱不能用来治理国家的道理，也就明白无疑了。

有人把韩非子的著作传到秦国。

秦王嬴政读到《孤愤》《五蠹》这些书。韩非子推行法治，不赞成仁政，非常符合秦王嬴政的心思。他掩卷长叹："嗟乎，寡人得见此人与之游，死不恨矣！"（《史记·老子韩非列传》）哎呀，我要是能见到这个人，并且能和他交往，就是死也不算遗憾了。

高　颂

李斯说："这是韩非子写的书。"

秦王坐不住了，非常想得到韩非子，立即决定攻打韩国。

韩国对抗秦国，等于以卵击石。"韩王始不用非，及急，乃遣非使秦。"（《史记·老子韩非列传》）韩王起初并不重用韩非子，看到情况紧急，赶紧派遣韩非子出使秦国，把韩非子交了出去。

韩非子到了秦国。

秦王嬴政抓着一卷竹简，快步迎出大殿。

"……大、大、大、大、大、大——王！"韩非子看到秦王如此礼遇，脸涨得通红。

"哈哈……"秦王知道韩非子说话结巴，拍拍竹简，"先生之言，尽在此简。"

秦王手中的竹简，是韩非子的著作《孤愤》《五蠹》。

韩非子身不由己到了秦国。秦王设宴，鼓乐齐奏，群臣举杯。他非常激动，以为可以施展才能，并且前程远大，却莫名其妙被抓起来，投进囹圄。

这里面一定有误会！韩非子想。他坚信，误会随时都会消除。

酷热难当。

太阳的毒辣穿过屋顶，贯穿而下，牢房像蒸笼。墙角有一块石板，嵌在泥里。韩非子每天脱掉上衣，把肚子或者后背贴上去，感觉一点儿凉意。他的耳朵竖着，听着牢门口的声音。秦王或者李相，随时会来，请他出去，奉为上宾。他要立刻跳起来，整好衣冠，出现在秦王和李相面前，不能丢了脸面、失了风度。

但是，秦王和李相没有来。韩非子跳的次数多了，再听到门轴的响声，只是昂头看看，做好跳起来的准备。

门轴每天响三次。牢头打开门，一手拎篮子，一手托盘，把饭菜、酒、碗箸一样样摆在地上。韩非子吃完，把碗箸杯碟送到门口，牢头从栅栏里伸进手取走。

本来，韩非子想要毛笔、丝帛或者竹简，写一些文章。但是牢房里太热，汗流进眼里，模糊不清。

秦王见到韩非子，如获至宝。韩非子说得吃力，秦王听得费力。

"你写下来，呈给秦王。"李斯建议。

韩非子在高大、明亮、清凉的秦宫，夜以继日，写了一地的竹简。这是他一生中最畅快的日子，尽情宣扬主张，听众是强大的秦国、威武的秦王。

高 颂

第四天早上，李斯派大臣姚贾（生卒时间不详）带人取竹简。

"好了！"韩非子如释重负，和衣躺在秦宫，呼呼大睡。他在睡梦中被抓，投入窄小、阴暗、闷热的牢房。

"吱呀——"韩非子忽然一震。

这次门轴响的不是时候，早饭刚吃过，午饭没到时间。这是一次额外的轴响。

韩非子赶紧爬起来，套衣服。衣服肮脏、酸臭，他有些不好意思。

韩非子在《说难》中，写过一个《智子疑邻》故事。

一场大雨，把宋国一个富人家的墙冲塌了。富人的儿子说："不修的话，必将有盗贼来偷。"邻居的老人也这么说。晚上，果然有贼偷走很多财物。富人认为儿子很聪明，却对邻居老人起了疑心。

韩非子认为，发表看法并不难，难的是能揣摩透听者的心思和态度。难道，秦王把他当作"邻人之父"（《韩非子·说难》）？

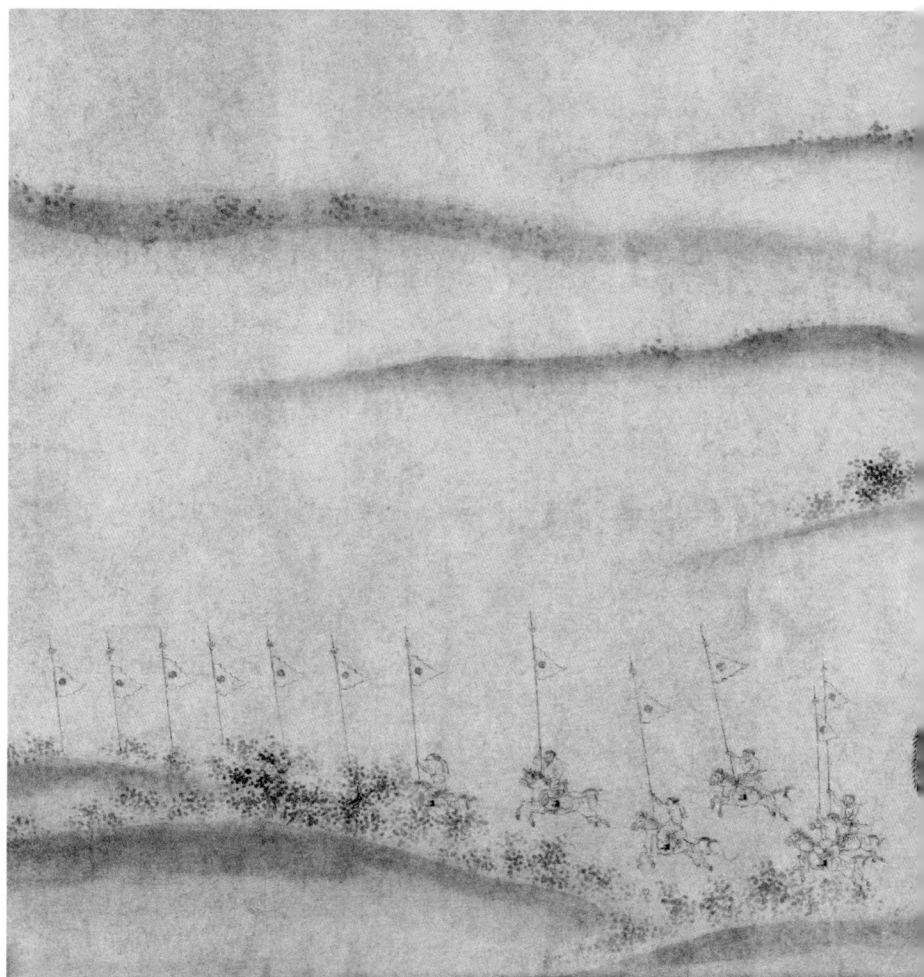

元 陈及《便桥会盟图》（节选）

夫龙之为虫也，柔可狎而骑也；然其喉下有逆鳞径尺，若人有婴之者，则必杀人。人主亦有逆鳞，说者能无婴人主之逆鳞，则几矣！（《韩非子·说难》）

[白话文]

龙属于虫类，可以驯养、游戏、骑它。然而它喉咙下端有一尺长的倒生的鳞片，人要触动它的倒生的鳞片，一定会被它伤害。君主也有倒生的鳞片，游说的人能不触犯君主的倒鳞，算得上最成功的游说。

难道我触动了秦王的"逆鳞"？不会啊！

牢门打开，一个壮汉搬来一个案几，一个妇人点上一炷香，一个姑娘端来一壶酒，酒壶旁边放了一个椭圆、浅腹、平底的酒碗。

"丞相在路上了。"姑娘娇柔地说。

"呵呵……"韩非子止不住笑了。

韩非子知道李斯会来。

韩非子和李斯都是荀子的学生。

"斯自以为不如非。"（《史记·老子韩非列传》）李斯自认为才能不如韩非子，但是，韩非子的发展远不及李斯。韩非子在韩国郁郁不得志，只得著书立说，而李斯从楚国来到在秦国，得到丞相吕不韦（公元前 292—前 235 年）的赏识，一路加官晋爵。他后来辅佐秦始皇统一六国，成为大秦的丞相，并统一各诸侯国使用的文字，废除分封制。

韩非子想，他到秦国来，一定离不开李斯的引荐。他被关进牢房，李斯也一定会相救。

现在，李斯就要来了。

一个黑衣人进门，挥挥手，让所有的人都退下。黑衣人扑面而来。韩非子揉揉眼睛，黑衣人的脸已经在案几对面。

"……"韩非子张开嘴，说不出话。来人不是李斯，是管理监狱的司寇。

司寇面无表情，从袖子里拿出一个拳头大的酒葫芦，晃晃，拔开瓶塞，把酒倒进韩非子面前的酒碗。

"……呃呃……"韩非子顿时明白，憋得满脸通红。他想用手指沾酒，刚伸到碗口就缩回来，蘸着口水，在案几上写："欲见大王。"

司寇凝视韩非子，抬起右手，指指酒碗。

四天前，李斯带着姚贾，把韩非子的竹简献给秦王。韩非子文采斐然，见解高入云天，又脚踏实地。秦王看了，拍手称赞。但是，怎么用韩非子，他还没有想好。另外，韩非子毕竟是外人，等于"邻人之父"，忠诚度如何，还需要考察。

[古文原句]

李斯、姚贾害之，毁之曰："韩非，韩之诸公子也。今王欲并诸侯，非终为韩不为秦，此人之情也。今王不用，久留而归之，此自遗患也，不如以过法诛之。"（《史记·老子韩非列传》）

[白话文]

李斯、姚贾嫉妒韩非子，诋毁说："韩非是韩国贵族子弟。大王志在统一，韩非最终还是要帮助韩国而不帮助秦国，这也是人之常情啊。如今大王不任用他，在秦国留的时间长了，再放他回去，这是给我们秦国留下祸根。不如给他加个罪名，依法处死他。"

秦王认为李斯和姚贾说得有道理，下令给韩非子定罪，先关进牢房。

这几天，秦王仔细读韩非子的文章。韩非子的文章，纵横捭阖，又句句说到他心里。他突然后悔起来，觉得不应该那么对待韩非子。

"丞相，去请先生回来。"秦王对李斯说。

"我这就去。"李斯一边答应，一边让姚贾抄近路去牢房。

姚贾快马赶到牢房，让司寇给韩非子送去毒酒。

[古文原句]

李斯使人遗非药，使自杀。韩非欲自陈，不得见。秦王后悔之，使人赦之，非已死矣。(《史记·老子韩非列传》)

[白话文]

李斯派人给韩非子送去了毒药，叫他自杀。韩非子想要当面向秦王陈述，又不能见到。后来秦王后悔了，派人去赦免他，但他已经死了。

韩非子卒，终年四十七岁。

公元前 208 年，李斯私欲膨胀，篡改秦始皇嬴政的遗诏，逼本来要继承皇位的皇长子扶苏（？—前 210 年）自刎，扶持胡亥（公元前 210 年—前 207 年在位）上位，后来遭胡亥的老师赵高（？—前 207 年）陷害，被秦二世胡亥处腰斩，灭门。

巧的是，书写李斯罪行的小篆，创造者李斯；更巧的是，腰斩李斯的刑法，发明者李斯。

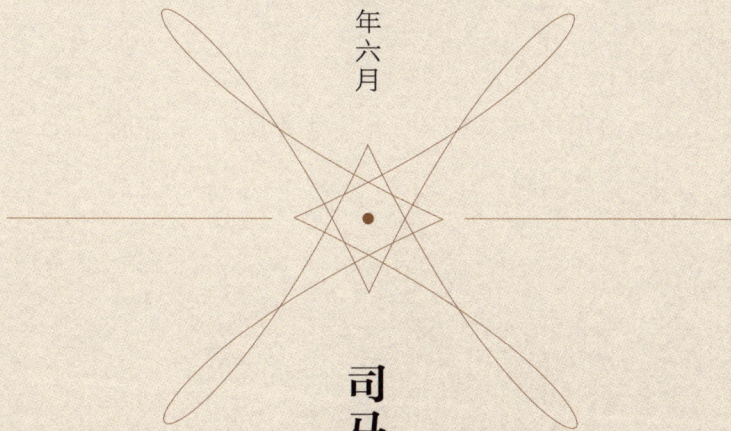

司马相如

·

始于长安繁华梦

赶早市的人退到街边。急马带风，一掠而过，直奔西门。

司马相如

约公元前179—前118年，字长卿。西汉蜀郡成都（今四川成都）人，一说巴郡安汉（今四川蓬安）人。

"驾！"

天还没有敞亮，长安城静卧在淡淡的夜色里。

马蹄在砖石路上发出"得得得"的响声，铁掌溅起一星一星的火花。

车轮"隆隆"滚动。

赶早市的人退到街边。急马带风，一掠而过，直奔西门。

[古文原句]

相如既病免，家居茂陵。天子曰："司马相如病甚，可往从悉取其书；若不然，后失之矣。"使所忠往。（《史记·司马相如列传》）

[白话文]

司马相如因为生病免职，住在茂陵家中。汉武帝说："司马相如病得很厉害，可以派人去把他的书全部取回来；如果不这样做，以后就散失了。"于是派宠臣所忠前往茂陵。

司马相如有说话结巴的毛病。他小时候喜欢读书，学习剑术，父母给他取名"犬子"。"相如既学，慕蔺相如之为人，更名相如。"（《史记·司马相如列传》）司马相如完成学业，因仰慕蔺相如（约公元前329—前259年）的为人，把他的字——"长卿"改为"相如"。

司马相如二十岁的时候，凭借家中富有的资财，被授予郎官，侍卫汉景帝刘启（公元前157—前141年在位），担任武骑常侍。但是，当官并不是他的志向，而且汉景帝也不喜欢辞赋。

第二年冬天，汉景帝的弟弟梁孝王刘武（？—前144年）来京城朝见。梁孝王的随从中，有齐郡人邹阳、淮阴人枚乘、吴县人庄忌等门客。他们能说会道、能文善赋。"相如见而说之，因病免，客游梁。"（《史记·司马相如列传》）司马相如和这些门客一见如故，借口说身体不好，辞掉官职，去了梁国（今河南东部和山东西南）。

司马相如与这些人在一起七年，二十六岁写《子虚赋》。

《子虚赋》虚构了一个故事。

楚国的子虚先生出使齐国，对乌有先生说，他随齐王出猎，齐王问到楚国，他说楚国广大丰饶，云梦大泽只不过是后花园一角。乌有不服，便以齐国的大海名山等，傲视子虚。

［古文原句］

……楚王乃驾驯驳之驷，乘雕玉之舆。靡鱼须之桡（ráo）旃（zhān），曳明月之珠旗。建干将之雄戟，左乌嗥（háo）之雕弓，右夏服之劲箭；阳子骖乘，纤阿为御；案节未舒，即陵狡兽……倏眒（shēn）凄浰（liàn），雷动熛（biāo）至，星流霆（tíng）击，弓不虚发，中必决眦（zì），洞胸达腋，绝乎心系，获若雨兽，掩草蔽地。（《子虚赋》）

[白话文]

……楚王驾驶起被驯服的骏马，乘坐美玉雕饰的车辇，挥动用鱼须作旒（liú）穗的曲柄旌旗，摇动缀着明月珍珠的旗帜。高举锋利的三刃戟，左手拿着黄帝用的强弓，右手拿着后羿用的利箭。伯乐陪乘，仙女驾车。车马还没有驰骋，就已经踏倒了强健的猛兽……楚王的车骑迅疾，如惊雷，似狂飙，像流星，若雷霆。弓不虚发，箭箭都射裂禽兽的眼眶，或贯穿胸腔直达腋下，使连着心脏的血管断裂。猎获的野兽，如同雨点从天而降，覆盖野草、遮蔽大地。

《子虚赋》铺陈夸张，辞藻繁多，描写工丽，散韵相间，极度表现汉王朝的辽阔与强大。

这是一个标志：汉赋成熟。

"嗖——"

马队穿出长安城西门。

天地朦胧。虽然是大清早，隔夜的暑热没有消去，风带不来清凉。大路通向远处，两旁杨树挺拔。麦田如海，金黄的波涛涌向天边。骊山隐约横卧，连绵的山峰如绿波起伏。

"驾！"快马一鞭，"啪！"

"此《子虚赋》，甚好！"汉武帝刘彻（公元前141—前87年在位），把竹简放到案几上，长叹一口气，"唉——可惜！朕偏不能和此人同时代啊！"

"听我老乡司马相如说——这是他写的。"杨得意刚进宫担任狗监，为皇上管理猎狗。

"哦？"汉武帝又惊又喜，"召！"

司马相如写完《子虚赋》，梁孝王去世，只好回到成都。家里一贫如洗，又没有工作，正走投无路，好朋友、临邛（qióng）县令王吉邀请他去看看。

司马相如来到临邛（今四川临邛）。王吉对他很尊敬，每天都去旅店拜访。

临邛县里，卓家靠冶炼起家，是县里的首富，仅家奴就有八百多人。卓王孙和其他富豪商量，既然司马相如是县令的贵客，我们宴请他吧。

宴会那天，嘉宾云集。

卓王孙有个女儿叫文君，"十七而寡，为人放诞风流"（西汉·刘歆《西京杂记》）。卓文君刚成婚不久，丈夫就去世了。

她脸若芙蓉、眉如远山，任性、妖娆，不拘礼、有文采。她看到司马相如一表人才、举止从容，不由得心生好感，突然娇羞起来，躲到门后，从门缝里看司马相如。

司马相如一下子就注意到卓文君，"眉色远望如山，脸际常若芙蓉，皮肤柔滑如脂"（《西京杂记》）。他打听到卓文君喜欢音乐，于是"以琴心挑之""乃使人重赐文君侍者通殷勤"（《史记·司马相如列传》），弹一曲《凤求凰》，企图用琴声中蕴含的感情去打动文君的心，又托人用重金赏给文君身边服侍的人，帮忙转达爱慕之情。

[古文原句]

文君夜亡奔相如，相如乃与驰归成都。（《史记·司马相如列传》）

[白话文]

卓文君连夜逃出家门，私奔相如，相如带着文君急忙赶回成都。

成都家徒四壁，日子过不下去。卓文君出主意说，我们不如回临邛，靠向兄弟借贷，也能维持生活。司马相如觉得有道理，如和卓文君回到临邛，做卖酒的生意。

文君垆前卖酒，相如门里门外收拾。

明 仇英 《汉宫春晓图》（节选）

卓王孙差一点儿被文君私奔气死，现在看到相如和文君夫妻努力，加上文君的兄弟劝说，回心转意。"分予文君僮百人，钱百万，及其嫁时衣被财物。文君乃与相如归成都，买田宅，为富人"（《史记·司马相如列传》），卓王孙给了文君家奴一百人、钱一百万，又给了衣被财物当嫁妆。

司马相如和卓文君再回成都，买房置地，日子过得红红火火。他风华正茂；她俊俏靓丽，"远山眉"神韵飞扬。

长安城外，通向咸阳的道路上，还没有早行人。

"驾！"所忠和侍从伏在马背上，双腿夹紧马肚子；马腿几乎拉成直线，向西北飞奔。

"驾！"

"噗噜噜……"惊起一只斑鸠。

建元五年（公元前 136 年）五月。司马相如应召，来到长安。

［古文原句］

乃召问相如。相如曰："有是。然此乃诸侯之事，未足观也。请为天子游猎赋，赋成奏之。"上许，令尚书给笔札。（《史记·司马相如列传》）

高 颂

汉武帝召见相如。相如启禀皇上："是我写的。但是，这赋只写诸侯之事，不值得看。请让我专门写一篇《天子游猎赋》，写成后进献皇上。"皇上同意，命令尚书给他笔和木简。

［古文原句］

若夫终日暴露驰骋，劳神苦形，罢车马之用，抚士卒之精，费府库之财，而无德厚之恩，务在独乐，不顾众庶，忘国家之政，而贪雉兔之获，则仁者不由也。（《天子游猎赋》）

［白话文］

如果整天泡在上林苑，精神疲惫、身体劳累。车马的功能没有用对地方，士卒的精力毫无意义减损。浪费国库的钱财，没有建立丝毫功德；只贪图个人享受，不考虑百姓的利益。把国家大政抛在脑后，却热衷于猎获野鸡兔子，这是仁爱之君不肯做的事情。

两年前，汉武帝扩建了上林苑。上林苑在长安西南方，始建于秦代，是供帝王打猎、游玩的地方。

司马相如的《子虚赋》，极言汉朝之宏大；他把《天子游猎赋》的主题归结到节俭，借以规劝皇帝。

"奏之天子，天子大说""天子以为郎"（《史记·司马相如列传》)。司马相如把赋进献给汉武帝。汉武帝读了，特别高兴，任命相如为郎官。

郎中将唐蒙出访南越，发觉南越王有野心。他上奏汉武帝，修一条路到夜郎，在夜郎屯兵、设置郡县，万一南越王逆反，朝廷能够迅速出兵应变。

汉武帝有志于开疆拓土，派唐蒙去负责这件事。

在这一地区修路非常艰难，唐蒙不顾当地官员、百姓死活，只顾工期，并且滥用战时法规，草菅人命，惹得群情激愤。

建元六年（公元前135年），汉武帝派司马相如去安抚。司马相如写《喻巴蜀父老檄》，告诉官员、百姓，唐蒙的行为不是皇上的本意，从而安定了民心。后来，他又领中郎将，参与治理西南地区事务。

好景不长，有人诬告司马相如受贿，司马相如被罢官。一年后，司马相如又官复原职。

司马相如说话结巴，患有严重的糖尿病。他文章写得好，对当官没有兴趣，和卓文君结婚后不愁吃穿。即使当官，也经常躲在家养病，时常以赋表达思想、进谏皇帝。不求官、不贪财，又只为帝王写锦绣文章，汉武帝很喜欢，经常带他一起

　　　　　　　　　　　　　　　　　　高　颂

游历。

有一天，司马相如陪汉武帝打猎归来，路过秦二世胡亥（公元前 210—前 207 在位）的墓地，触景生情。

[古文原句]

……持身不谨兮，亡国失势；信谗不寤（wù）兮，宗庙灭绝。呜呼哀哉！操行之不得兮，坟墓芜秽而不修兮，魂无归而不食。夐（xiòng）邈绝而不齐兮，弥久远而愈侏（mài）。精罔阆（láng）而飞扬兮，拾九天而永逝。呜呼哀哉！（《哀二世赋》）

[白话文]

……为人处世不谨慎啊，国家灭亡、权势尽丧；轻信谗言，不肯醒悟啊，祖庙毁灭。呜呼，悲伤啊！品行操守不端正啊，坟墓荒芜没有人整修啊，无处安魂也没有人供奉。长时间没有人来祭奠，时光流逝就被世人遗忘。灵魂变成鬼怪到处游荡，但愿能去九霄云上的天堂。呜呼，悲伤啊！

汉武帝读了《哀二世赋》，神情肃然。

元狩二年（公元前 121 年），司马相如五十九岁。他因为生病免职，住在茂陵家中。他想纳茂陵一个女子为妾，每天冷落卓文君。

卓文君先悲后刚，写《白头吟》，再写《诀别书》。

司马相如羞愧万分，操起弹奏《凤求凰》的那把绿绮琴，边奏边唱：

> 五味虽然香甜，最充饥的还是稻米、小米。五色虽然灿烂，最合身的还是粗布……读你的好诗，唤回我的旧情。我不会辜负你的挚爱，让你感叹白头无助。

临近中午，所忠赶到司马相如家。

梧桐如盖，郁郁葱葱。

"相如已死，家无书。"（《史记·司马相如列传》）司马相如刚刚去世，家里一本书都没有。

"长卿本来就没有书，"卓文君忍住悲伤说，"他时时写，别人时时取走，所以家中总是空空的。"

"哦——"所忠来不及失望，整顿衣裳，吊唁司马相如。

"长卿去世之前，写了一卷，"卓文君转身，从书柜里取出一函，"说，如果有使者来求书，就把它献上。"

所忠快马扬鞭，原路返回。

夕阳西垂，大如灯笼，红如火炬。

所忠将司马相如写在绢帛上的《封禅文》，献给汉武帝。

汉武帝沐手展开，先默读，再轻读，后朗读："……皇皇哉斯事！天下之壮观，王者之丕业，不可贬也。愿陛下全之……"（《史记·司马相如列传》）封禅之事庄严堂皇，天下壮观，王者大业，不能贬低。恳请陛下继承广大。

文武百官听了，无不动容。这是司马相如最后的作品，是劝请皇上泰山封禅。

"好啊！朕就照此行事吧！"汉武帝说。

公元前 118 年六月，司马相如卒于消渴疾（糖尿病）。享年六十二岁。

卓文君作《司马相如诔（liě）》，第二年六月卒。享年五十五岁。

"司马相如既卒五岁，天子始祭后土。八年而遂先礼中岳，封于太山，至梁父禅肃然。"（《史记·司马相如列传》）司马相如去世后五年，汉武帝开始祭祀土地；去世八年，汉武帝首先祭祀中岳嵩山，然后封禅泰山，又封禅梁父山（徂徕山南麓）、肃然山（泰山东北麓）。

公元前96年六月

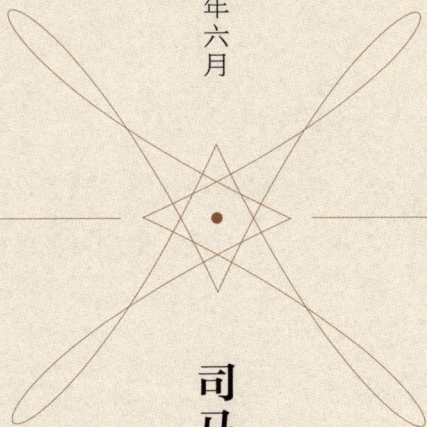

司马迁

·

跨出诏狱的一刹那

正午的太阳光芒如针。阳光照出了司马迁皮肤下的血丝，脸色微微泛红。不知道是太阳让他渐渐有了精神，还是廷尉史的夸赞让他有些兴奋。

司马迁

公元前 145 或前 135 年—前 90 年，字子长。西汉龙门（今陕西韩城，一说今山西河津）人。

司马迁在跨出诏狱的一刹那，忽然觉得自己轻了。

"呃——"司马迁本能地去护住裆部，腿一屈，身子扑向前，跌到诏狱高高的门槛外面。

"太史令！"身边的廷尉史慌忙伸手。他没拉到司马迁的胳膊，拽住的是斜挎的背囊。

"哗啦啦……"背囊的绳子断了，竹简散了一地。

廷尉史蹲下来，收拢竹简，按照编号摆放整齐。他抽出一根竹简，轻声读着：

［古文原句］

黄帝者，少典之子，姓公孙，名曰轩辕。生而神灵，弱而能言，幼而徇齐，长而敦敏，成而聪明。轩辕之时，神农氏世衰。诸侯相侵伐，暴虐百姓，而神农氏弗能征。(《史记·五帝本纪》)

［白话文］

黄帝是少典部族的子孙，姓公孙名轩辕。他一出生就很有灵性，在襁褓中就能说话，幼年时聪慧敏捷，长大后敦厚聪颖，成年后远见卓识。轩辕那个时代，神农氏的统治逐渐衰弱，诸侯之间互相侵扰、祸害百姓，而神农氏已经没有力量去征讨。

"啊呀！雄文！"廷尉史一边读，一边叫好。

正午的太阳光芒如针。阳光照出了司马迁皮肤下的血丝，脸色微微泛红。不知道是太阳让他渐渐有了精神，还是廷尉史的夸赞让他有些兴奋。

廷尉史又抽出竹简，读的声音高了：

［古文原句］

于是轩辕乃习用干戈，以征不享，诸侯咸来宾从。而蚩尤最为暴，莫能伐。炎帝欲侵陵诸侯，诸侯咸归轩辕。轩辕乃修德振兵，治五气，艺五种，抚万民，度四方，教熊罴（pí）貔（pí）貅（xiū）貙（chū）虎，以与炎帝战于阪（bǎn）泉之野。（《史记·五帝本纪》）

［白话文］

这个时候，轩辕就动用武力去讨伐那些不守规矩、不来朝拜神农氏的人，诸侯都佩服、追随他。蚩尤最凶暴，没有人能够制服。炎帝也喜欢欺凌别人，因此诸侯们都拥护轩辕。轩辕于是修养德行，整顿军队，研究节气，种植五谷，安抚民众，平定四方，又训练熊、罴、貔貅、貙、虎等猛兽，在阪泉郊野与炎帝交战。

　　　　　　　　　　　　　　　　　　　　　高　颂

"太史令——"廷尉史指着竹简。他读过一些史书。之前的历史，零零碎碎、断断续续，杂乱无章，互不照应。他预感到，司马迁会把历史谱列成一个气魄宏大、精巧周密的整体，而三千年前的五帝，成为宏大叙事的开篇。

"余尝西至空桐——"司马迁说。

司马迁吃了一惊。他发现自己的声音变得尖细无力，如同一个生病的女声。

司马迁两眼发黑，低着头说："余尝西至空桐，北过涿鹿，东渐于海，南浮江淮矣，至长老皆各往往称黄帝、尧、舜之处。"(《史记·五帝本纪》)

他曾经西往空桐，北过涿鹿，东到大海，南渡长江、淮河，所到的地方，那里的老人都在谈论黄帝、尧、舜的事迹。

［古文原句］

迁生龙门，耕牧河山之阳。(东汉·班固《汉书·司马迁传》)

［白话文］

司马迁出生在龙门，在龙门山南麓过着耕田、放牧的生活。

司马家族，除了司马错是秦惠王时代伐蜀的名将、司马昌在秦始皇时代负责铸造铁器，世代都是历史学家和天文学家。

司马迁的父亲司马谈（？—前110年）在司马迁小的时候任太史令。后来，司马谈把他带到了繁华的长安，拜博士伏生（约公元前260—前161年）、大儒孔安国（约公元前156—前74年）和董仲舒（公元前179—前104年）为师。

司马谈是史官，有志于梳理数千年历史，撰写一部史书。但是，他知道自己年龄大了，一人难以担负使命，希望儿子参与到这件事中。

司马迁很小就能识读经典，年纪轻轻就已经读过万卷书。于是，父亲安排他从长安出发，去行万里路。

［古文原句］

二十而南游江淮，上会稽，探禹穴，窥九嶷，浮沅湘。北涉汶泗，讲业齐鲁之都，观夫子遗风，乡射邹峄（yì）；厄困蕃、薛、彭城，过梁楚以归。（《汉书·司马迁传》）

［白话文］

二十岁南游江淮，他登上会稽山，探访大禹墓穴，到九嶷山考察舜帝遗迹，泛舟沅江、湘江间。他北渡汶河、泗河，在齐都临淄、鲁都曲阜研讨学业，观察孔子教化的遗风，以及邹峄射箭饮酒的礼仪。在游历蕃、薛、彭城等地的时候，曾经遭受危困，经过梁、楚之地回到长安。

高 颂

司马迁漫游，既是为了实地考察，也是为了搜集史料，包括野史、传说。回到长安之后，他考上了郎中，成为汉武帝的侍卫官。

[古文原句]

于是迁仕为郎中，奉使西征巴蜀以南，略邛、筰（zuó）、昆明，还报命。（《汉书·司马迁传》）

[白话文]

之后，司马迁被提拔，做了郎中，奉朝廷之命出使西征巴蜀以南的地区，平定邛、筰、昆明之后，回到长安向朝廷复命。

廷尉史汗流浃背。

司马迁盘坐着。三年诏狱，重见天日。他闭着眼，仰着头，张大嘴，让太阳的光铺满他的脸，又钻进喉咙，直射五脏六腑。他被冻得久了，对寒冷已经麻木。太阳晒了半个时辰，才慢慢有了一点儿暖意。

司马迁的记忆也活跃起来。

司马迁想起了屈原。

太史公曰余南登廬山觀禹疏九江遂至于
會稽大湟上姑蘇望五湖東闚洛
汭大邳迎河行淮泗濟漯洛渠西瞻蜀之岷
山及離碓北自龍門至于朔方曰甚哉水之
為利害也余從負薪塞宣房悲瓠子之
詩作河渠

會稽大湟 徐廣曰一作湟

徐廣曰瓚溝志行田二百畝分賦田与
一夫二百畝也以田惡故更歲耕之

136

楗石尒　如淳曰河尒使楗不能禁故言　尒事昭曰楗柱也木立死曰尒也　宣房塞芳萬

福来於是乎塞瓠子蔡官其上名曰宣房

宮而道河北行二渠以復禹舊迹而梁楚之

地復寧無水災自是之後用事者爭言水

利朔方西河河西酒泉皆引河及川谷以溉

田而關中輔渠靈軹　如淳曰地理志鑑庢有靈軹渠也　引堵水

徐廣曰作詩也　汝南九江引淮東海引鉅定　贊曰鉅定澤名　泰

山下引汶水皆穿渠為溉田各萬餘頃他川

渠陂山通道者不可勝言然其著者在宣

唐　佚名　《史记第二十九河渠书第七残卷》（节选）

137

"适长沙，观屈原所自沉渊，未尝不垂涕，想见其为人。"（《史记·屈原贾生列传》）司马迁读了《离骚》《天问》《招魂》《哀郢》之后，为屈原的志向不能实现而悲伤不已。他到长沙，特意去看了屈原沉江自杀的地方，泪流满面，更加追忆、怀念他的为人。

　　司马迁想起了孔子。

　　"适鲁，观仲尼庙堂车服礼器，诸生以时习礼其家，余祇回留之不能去云。"（《史记·孔子世家》）

　　司马迁到了鲁国，看到孔子的祠堂、孔子坐过的车子、孔子穿过的衣服和孔子用过的礼器，看到许多儒生在那里按时演习礼仪。他流连忘返，舍不得离开。

　　"高山仰止，景行行止。"（《小雅·车舝（xiá）》）有崇高的道德就要仰望，有正大的行为就要仿效。他虽然不能和孔子同时代，但是心中十分向往。

　　司马迁想起了父亲。

　　元封元年（公元前 110 年），汉武帝巡行东方，去泰山封禅。司马谈应该随行记载盛事，却在半路上得了重病。汉武帝让司马谈留在洛阳养病。

　　司马迁从长安日夜兼程追赶汉武帝，终于在洛阳见到了奄

　　　　　　　　　　　　　　　　　　　　高 颂

奄一息的父亲。

司马谈抓着司马迁的手，流着泪说："我们的祖先是周朝的太史，在虞舜、夏禹时期就功名显赫，难道要在我这里断送吗？你接我的班做太史，就可以延续、光大我们司马家族的事业。"

司马迁忍住泪水，抚着父亲的胸口。

"我死了，你一定要做太史，"司马谈缓了缓说，"你做了太史，一定不要忘记我要编撰的史书！"

［古文原句］

迁俯首流涕曰："小子不敏，请悉论先人所次旧闻，弗敢阙。"（《史记·太史公自序》）

［白话文］

司马迁低下头流着泪说："我虽然不聪明，一定把父亲编纂历史的计划全部完成，不敢有丝毫的缺漏。"

三年后，司马迁做了太史令。他跟随汉武帝东巡西游、南征北战，并与上大夫壶遂（生卒年不详）等大臣，制定了《太初历》。他日日夜夜尽心尽力、忠心耿耿，以求得皇上的信任。

同时，司马迁念念不忘父亲的遗嘱，中年开始著述《太史公书》。

天汉二年（公元前99年），汉武帝派宠妃李夫人的哥哥、贰师将军李广利（?—前88年），率兵讨伐匈奴。

骑都尉李陵（公元前134年—前74年）为奇兵，率步兵五千人，深入匈奴腹地，与单于激战，斩敌数万人。后来，因为被出卖，援兵不至，李陵寡不敌众，向匈奴投降。

汉武帝震怒，大臣们谴责。

司马迁不说话。

"太史令，你以为呢？"汉武帝问司马迁。

司马迁"与李陵俱居门下，素非能相善也。趣舍异路，未尝衔杯酒，接殷勤之欢"（《报任安书》）。他和李陵同朝为官，但是没有什么来往，志趣也不相同，也从来没有在一起喝酒吃饭、联络感情。但是，他认为，无论是史官还是臣子，对皇上都要说实话。

司马迁说："身虽陷败，彼观其意，且欲得其当而报于汉。"（《报任安书》）在他看来，李陵身陷重围、兵败投降，应该是诈降，是想寻找机会报效汉朝。

汉武帝勃然大怒，认为司马迁是在为李陵狡辩、对抗朝廷，把司马迁关进诏狱。

"太史公遭李陵之祸，幽于缧（liě）绁（xiè）。"（《汉书·司马迁传》）司马迁受李陵牵连，打入大牢。诏狱是关押重要罪犯的地方。他受尽酷吏杜周（？—前 95 年）的折磨，但是坚决不认罪。

不久后，有消息说李陵带兵攻打汉朝，汉武帝信以为真，杀了李陵全家，判处司马迁死刑。

在汉代，有两个途径可以免除死刑，交钱五十万，或者接受宫刑。

司马迁家境贫寒，拿不出钱，但是他不想死。

［古文原句］

假令仆伏法受诛，若九牛亡一毛，与蝼蚁何以异？（《报任安书》）

［白话文］

假如我伏法被杀，就像是九头牛身上的一根毛，同蝼蚁有什么区别？

［古文原句］

人固有一死，或重于泰山，或轻于鸿毛。（《报任安书》）

［白话文］

人终究免不了一死，但是死的意义不同，有的死比泰山还重，有的死比鸿毛还轻。

"最下腐刑极矣！"（《报任安书》）

司马迁选择了受侮辱到极点的宫刑。

司马迁不是怕死，是不能死。忍辱负重，苟且偷生，只为父亲的遗愿，只为自己的使命。

西伯姬昌被拘禁而演绎《周易》，孔子受困窘而作《春秋》，屈原被放逐而写《离骚》，左丘明失去视力而有《国语》，孙膑被剜去膝盖骨而撰《兵法》，吕不韦被贬谪蜀地而编《吕氏春秋》，韩非被囚禁在秦国而使《说难》《孤愤》闻名。

先辈像一盏盏明灯，高悬于阴暗、潮湿的诏狱之上，照亮司马迁至暗时刻，也照亮司马迁面前的一片片竹简。

大汉，大旱。

汉武帝大赦天下。

坐了三年牢的司马迁，在大赦的名单上。"为中书令，尊宠任职。"（《汉书·司马迁传》）汉武帝大赦他的同时，任命他为"中书令"。或许，在汉武帝这是不计前嫌、皇恩浩荡，在班固这是受到尊敬、宠幸后再重用，但是在司马迁又是侮辱，因为担任这个职务的，历来都是宦官。

"我是——宦官？"司马迁颤抖的心尖在滴血。他在瞬间的五雷轰顶之后，平静下来。他已经深陷屈辱的泥沼，何惧再来一瓢污水？何况，即使苦难如山如海，都挡不住他"罔罗天下放失旧闻，王迹所兴，原始察终，见盛观衰"（《史记·太史公自序》）。司马迁网罗天下散失的旧闻，对帝王兴起的事迹溯源探终，既看到它的兴盛，也看到它的衰亡。

司马迁跨出诏狱高高的石门槛，突然感觉到自己轻了，一脚踩空，摔倒在地。

烈日下，司马迁像一堆干柴。

"唉——"廷尉史叹着气。他改变不了司马迁的命运，却可以偷偷改变司马迁的环境。他不许狱丁为难司马迁，并且提供司马迁竹简与笔墨。

十几个狱丁挑着竹简，悄悄走出诏狱后门。角落里，站着一架牛车。

这些竹简，是司马迁在狱中完成的作品。它们将成为《太史公书》的一部分。

"驾！"一个熟悉的声音传过来。

司马迁一震，双手撑地，弹跳起来。声音传来的方向，有一架牛车款款行走，车上装着的竹简像小山。他认识，那是他家的牛车，赶车的是他的女儿。

"哦——"司马迁泪水模糊了双眼。

司马迁斜挎的布囊里，是开篇《五帝本纪》。现在，散落在正午的阳光下。

竹简一根根躺在地上，在太阳的照射下闪着细密的金光。黑色的字，好像要飞起来。

公元前 91 年，司马迁完成《太史公书》。"上计轩辕，下至于兹，为十表，本纪十二，书八章，世家三十，列传七十，凡百三十篇。亦欲以究天人之际，通古今之变，成一家之言。"(《报任安书》)

从上古的轩辕时代开始，一直记载到汉武帝元狩元年（公元前 122 年）。其中《本纪》十二篇，《表》十篇，《书》八篇，《世家》三十篇，《列传》七十篇，共计一百三十篇。研究自然现象和人类社会之间的关系，贯通古往今来变化的脉络，形成自成一体的理论观点。

《太史公书》一式两份，一份"藏之名山"，一份"副在京师"。(《史记·太史公自序》)

第二年起，司马迁不知所终。

或许去世于这一年。

几十年后，汉宣帝年间，司马迁后人杨恽，将《太史公书》公布于世。

东汉末年，汉灵帝时，《太史公书》始称《史记》。

公元前 82 年十二月

苏武

·

别无他物，唯有汉节

苏武把汉朝的旄节靠在墙上。旄节一人高，上面的牦牛尾毛掉光了，竹竿做的旄节竿油亮、斑驳。

苏　武

　　公元前140—前60年，字子卿。西汉杜陵（今陕西西安）人。

苏武把汉朝的旄节靠在墙上。旄节一人高，上面的牦牛尾毛掉光了，竹竿做的旄节竿油亮、斑驳。

旄节靠墙而立。

［古文原句］

杖汉节牧羊，卧起操持，节旄尽落。(《汉书·李广苏建传》)

［白话文］

挂着汉朝的旄节牧羊，睡觉、起来都拿着，以致系在节上的牦牛尾毛全部脱尽。

帐篷四处漏进来的光，告诉苏武，这时候临近黄昏。

北海（今贝加尔湖）的日出和日落，比长安要迟一些。北海日出，长安如日中天；北海日落，长安万家灯火。

长安啊——

苏武蹲下来，往火盆里加了两块松木，又用树枝拨了拨盆底红亮的木炭。

"噼噼啪啪"，火盆里爆起一团团火星，屋里弥漫着松木的香味。

苏武撑着膝盖站起来，掸掸身上的炭灰，把旄节抱在怀里。他凑近帐篷上的一个破洞。夕阳西下，金光四射，白雪透着一抹红晕，晶莹透亮。他的羊圈在空地上。

突然，苏武看见一群人牵着马，出现前面的高坡上。

来人是李陵。

李陵（公元前 134—前 74 年）让随从安营扎寨，准备晚宴，一人去苏武的帐篷。

苏武抱着旄节迎出帐篷。

李陵越走越近。多年不见，他看到苏武的衣服更加破烂，头发更加凌乱，脸色更加苍老。

两人有千言万语，但是好像说一句都嫌多。相视一笑，拱拱手，一前一后走进帐篷。

帐篷里破破烂烂，但是收拾得很整齐。弓弩挂着，渔网堆着。地上的床是树枝堆起来的，上面铺着牛毛毡。牛毛毡失去了原来的颜色，有的地方被磨出了洞。

"我特地来报喜。"李陵说。

"呵呵，喜从何来。大哥不要再为难我，我不会答应单于的。"苏武摇摇头说。

李陵抓着苏武的手说："您就要归汉了。"

"……"苏武好像听到了一个非常陌生的词。

"归！汉！"李陵用力说。

"……年底了，谢谢老兄来看我。"苏武笑着说，"不用安慰我。带好酒了吗？"

"啊呀！我没有骗您！"李陵急了。

[古文原句]

昭帝即位。数年，匈奴与汉和亲。汉求武等，匈奴诡言武死。后汉使复至匈奴，常惠请其守者与俱，得夜见汉使，具自陈道。(《汉书·李广苏建传》)

[白话文]

汉昭帝（公元前87—前74年在位）即位。几年后，匈奴和汉廷达成和议。汉廷向匈奴要苏武等人。匈奴撒谎说苏武早就死了。后来使节又到匈奴，常惠请求看守他的人同他一起，晚上见到了汉使。他原原本本讲了他们在匈奴的情况。

"是吗？"使节又惊又喜。

"是的！"常惠（？—前46年）肯定地说。他随苏武出使，一直不降。

"我马上去要人！"使节立刻站起来。

常惠拦着使节："他们不承认的。不如这样——"

使者见单于，说昨天传来圣旨，天子在长安上林苑打猎，射中一只大雁。

"哈！皇上好箭法！"单于说。

"大雁的脚上系了一封帛书，说苏武在北海。"使节说。

"啊——"单于非常惊讶，看着左右，带着歉意说，"苏武确实还活着。"

单于答应释放苏武。

"真的？"苏武问李陵。

"不敢有半句戏言啊。"李陵脸上充满了敬重和羡慕，"我是来报告您这个消息，也是来为您饯行。"

"……"苏武愣着。他慢慢转身，对着南方双膝跪下，双手前扑，额头触地，"嗵！"

天汉元年（公元前100年），中郎将苏武持旄节，率领副中郎将张胜、临时委派的使节常惠，加上招募来的士卒和侦察人员，一百多人出使往匈奴。

[古文原句]

武字子卿，少以父任，兄弟并为郎，稍迁至栘（yí）中厩监。（《汉书·李广苏建传》）

[白话文]

苏武，字子卿，年轻的时候因为父亲为官被任用，兄弟都做了皇帝的侍从官。后来，苏武被升为管理汉朝皇室马厩的官。

当时，匈奴不断骚扰、进犯汉朝边境，汉朝廷不断讨伐匈奴。双方多次互派使节，彼此暗中侦察。匈奴扣留了汉朝廷十余批使节，汉朝廷也扣留了匈奴使节做抵押。

天汉元年，且鞮（dī）立为单于。他害怕受到大汉的反击，"乃曰：'汉天子我丈人行也。'尽归汉使路充国等。武帝嘉其义，乃遣武以中郎将使持节送匈奴使留在汉者，因厚赂单于，答其善意"（《汉书·李广苏建传》）。

他说"汉皇帝是我的长辈"，并决定送还路充国等汉朝使节。汉武帝对且鞮深明大义的做法很满意，派苏武持旄节去匈奴，带领被扣留的使节回朝。

匈奴内部，缑（gōu）王与虞常正在密谋造反。

缑王是匈奴的一个亲王，后来降汉，跟随汉将赵破奴出击匈奴，吃了败仗，又做了匈奴的俘虏。

虞常原来是汉朝的长水校尉，是卫律的部下。卫律被汉武帝李夫人的哥哥李延年推荐出使匈奴。李延年后来犯罪被捕，卫律害怕受到牵连，带领部下投降匈奴。

卫律死心塌地为匈奴卖命，深受单于信任，被且鞮单于封为丁灵王。

缑王和虞常，连同卫律被迫投降匈奴的部下，一直在暗中谋划绑架单于的母亲阏（yān）氏归汉。

苏武等人正好到了匈奴。

虞常在汉朝的时候，和张胜是好朋友。

"天子非常痛恨卫律，我能想办法把他射死。"虞常私下拜访张胜说，"我的母亲与弟弟都在汉，希望得到朝廷的照顾。"

"好！"张胜同意。

有一天，单于外出打猎，只有阏氏和单于的子弟在家。虞常等人准备起事，其中一人逃走通风报信。单于的子弟组织反扑，缑王战死，虞常被活捉。

单于派卫律审理这一案件。

［古文原句］

张胜闻之，恐前语发，以状语武。武曰："事如此，此必及我，见犯乃死，重负国。"欲自杀，胜、惠共止之。(《汉书·李广苏建传》)

［白话文］

张胜担心虞常会揭发他，把事情经过告诉了苏武。苏武说："事情到了这个地步，一定会牵连到我们。受到侮辱才去死，更对不起国家！"苏武要自杀，被张胜、常惠制止。

高 颂

"看看情况再说吧。"常惠对苏武说。

虞常果然供出了张胜。单于大怒，召集部下商量，准备杀掉使节。

"杀头是最严厉的刑法，"一个亲王说，"假如将来有人谋杀单于，又该用什么刑法呢？我们应当让他们降服。"

单于派卫律审讯苏武。

"丧失气节、玷辱使命，即使活着，还有什么脸面回到家乡去呢！"苏武说着，拔出腰间的佩刀刺进胸膛。

"快！"卫律大吃一惊，亲自抱住苏武，派人骑快马去找医生。

苏武断气了。

卫律不肯放弃，命令医生继续抢救。医生在地上挖一个坑，在坑中点燃微火，然后把苏武脸朝下放在坑上，轻敲他的背部，让瘀血流出来。

过了好半天，苏武终于有了呼吸。

单于敬佩苏武的气节，早晚派人探望、问候苏武，而把张胜逮捕监禁起来。

苏武伤好了，单于请他和卫律一起审虞常，想借这个机会劝降。卫律先用剑砍了虞常，接着要砍张胜，张胜请求投降。卫律又举剑刺向苏武，苏武纹丝不动。

卫律对苏武说，归顺匈奴，蒙受单于大恩，赐爵号，封王，享不尽的荣华富贵！假如不降，死了，白白地用身体给草地做肥料。

"你如果答应我，你马上就和我一样。"卫律说。

苏武不搭理卫律。

"你听我的安排，我与你结为兄弟，"卫律又说，"你不听我的，以后想见我，也没有机会了。"

苏武盯着卫律说："你背叛汉朝，辜负圣恩，抛弃亲人，投降异族，我为什么要见你！"

"我——"卫律张口结舌。

"你居心不良，想让汉皇帝和匈奴单于二主相斗！匈奴的灾祸，将从杀死我苏武开始！来吧！"苏武指着卫律痛骂。

苏武不肯降，单于就越想使他降。他把苏武囚禁在地窖里，不给吃喝。雨雪交加，苏武嚼雪、吞毡毛充饥，几天都不死。

匈奴认为这是神在帮助苏武。

［古文原句］

乃徙武北海上无人处，使牧羝，羝乳乃得归。(《汉书·李广苏建传》)

［白话文］

就把苏武流放到北海边没有人的地方，让他放牧公羊，等

高　颂

公羊生了小羊才能回来。

　　苏武和一百只公羊被发配到北海。狂风从贝加尔湖上冲过来，像无数条鞭子，日夜抽打着。匈奴答应给的粮食始终未到，他挖野鼠穴里藏的草食充饥。晚上睡觉，他和一百只公羊挤在一起。后来，他挖了一个地窖，在地窖上搭了一个草棚，遮挡风雨。

　　现在的帐篷，是单于的弟弟来打猎，钦佩苏武，送给苏武的。

　　帐篷已经千疮百孔。

　　"您饿成这样，为什么不吃羊呢？"单于的弟弟问。

　　苏武说："羊是单于的，我吃即等于失节！"

　　"何时动身？"苏武急切地问李陵。

　　"即刻可以。"李陵笑着说，"不过，今天不行，天色已晚，您还要收拾一下。"

　　苏武环视破旧的帐篷，双手捧着旄节说："别无他物，唯有汉节。"

　　李陵的眼睛湿润了。

　　李陵前面来过两次。

明 尤求 《昭君出塞图卷》（节选）

清 黄慎 《苏武牧羊图》

苏武和李陵同朝为官，侍从汉武帝左右。

天汉二年（公元前 99 年），苏武出使匈奴的第二年，李陵率五千步兵，作为主将李广利的先头部队突击匈奴，与匈奴八万骑兵恶战战八天八夜，战败被围，投降匈奴。汉朝灭其三族，李陵彻底与汉朝断绝关系。他不敢见苏武。后来，单于派遣李陵去北海，为苏武安排一次酒宴和歌舞。

这是李陵第一次来北海。

苏武当时住在地窖里。

"你的哥哥苏嘉，跟随皇上到雍棫（yù）阳宫，碰倒柱子，折断车辕，被定为大不敬的罪，用剑自杀。"李陵说。

"你的弟弟苏贤，跟随皇上去祭祀河东土神。宦官与驸马争船，驸马掉到河中淹死，宦官逃走了。皇上命令苏贤去追捕。苏贤抓不到人，因害怕而服毒自杀。"李陵说。

"你的母亲已去世，听说夫人已经改嫁了；家中妹妹、女儿、儿子，生死不知。"李陵说。

李陵的每一句话，都像一根箭射在苏武的心尖。苏武的身体缩成一团。

"我刚降，精神恍惚，几乎要发狂，自己痛心对不起汉廷，加上老母被拘禁。你不想投降的心情，怎能超过当时的我李陵呢！"李陵说。

"我苏武父子无才无德，深受隆恩。兄弟三人都是皇帝的亲近之臣，愿意为朝廷牺牲一切。"苏武抬起头说，"现在我得到以死报国的机会，我心甘情愿！"

"您——"李陵说。

苏武说："如果一定要逼迫我投降，那么就结束今天的宴会和歌舞，让我死在你的面前！"

"啊，义士！"李陵泪湿衣襟，留下十几只羊，告别苏武，"我李陵与卫律罪孽深重，无以复加！"

后元二年（公元前 87 年），汉武帝驾崩。李陵赶到北海，告诉苏武，再次希望苏武降服匈奴。

苏武断然拒绝。他一连几天，面向南方痛哭，声声泣血。

夜色降临。

寒风凛冽，寒气逼人。

空地上点起几堆篝火，空气里弥漫着烤熟的牛羊肉的香味。大家端着酒碗，来给苏武敬酒。苏武来者不拒，都是一饮而尽。

"如果——当时——汉朝能够赦免我的罪过，保全我的老母亲，我一定会找机会洗刷耻辱……但——算了，"李陵靠着苏武，在苏武的耳边说，"让您知道我的心意就足够了。从此一别，即是永诀！"

"您也老了啊，"苏武紧紧握着李陵的手，"保重！"

李陵撑着苏武的旄节站起身，边舞边唱："行程万里啊穿过沙漠，为君带兵啊奋战匈奴。归路断绝啊刀箭毁坏，兵士战死啊我名声已毁。老母不在，虽想报恩，无处可归！"

李陵痛哭。

始元六年（公元前81年）春，苏武回到长安。除了以前已经投降和死亡的，跟随苏武归汉的有九人，其中有常惠。

［古文原句］

武留匈奴凡十九岁，始以强壮出，及还，须发尽白。（《汉书·李广苏建传》）

［白话文］

苏武被扣在匈奴共十九年，当初出使还是壮年，等到回来，胡须、头发全白了。

神爵二年（公元前60年），苏武病故，享年八十一岁。

甘露三年（公元前51年），汉宣帝将苏武选为麒麟阁十一功臣之一，彰显其节操。

高 颂

公元208年十一月

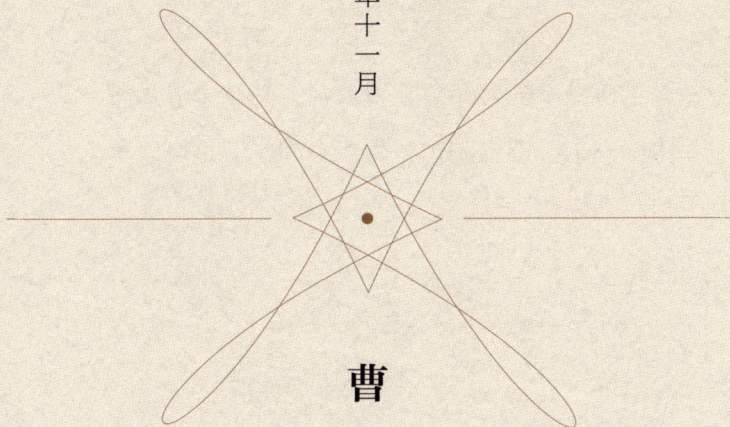

曹 操

战，是为了不战

曹操看到大海吞吐着日月，看到星汉从波涛中升起。宇宙无边，人生有限，但是可以与日月同辉、与星辰同寿。

……

如果不是天下分久未合，曹操已不想用兵。

……

战，是为了不战。

曹　操

155—220 年，字孟德，一名吉利，小字阿瞒。三国时期沛国谯（qiáo）县（今安徽亳州）人。

一堆堆篝火、一束束火把、一炷炷油脂灯，在日落西江、月上东山之前，就已经点燃。

乌林的夜，亮如白昼。

中军帐里，炭火正旺。案上摆满美酒佳肴。

许褚、徐晃等武将，荀攸、程昱等谋士，列坐两边，看着丞相。

曹操并不急着举杯，一眼含着神秘的微笑、一眼带着向来的威严，从每一个人脸上轻轻掠过。

大家的脸色有些尴尬。盛宴应该跟在胜利之后，但是昨天在赤壁的遭遇战，打的是一场败仗。

"……"曹操无声地笑笑。

灰衣侍从击掌。

侧门走出军乐队。他们拿着鼓、金、笳、笛等乐器，齐奏《归风送远操》。

大家一惊。鼓、金都是号令用的，"鼓之则进，重鼓则击。金之则止，重金则退"（《尉缭子·勒卒令》），丞相怎么会用来演奏助兴？

一名侍从扮着优伶，移步台前唱道：

［古文原句］

凉风起兮天陨霜，怀君子兮渺难望。 感予意兮多慨慷。

（西汉·赵飞燕《归风送远操》）

［白话文］

凉风骤起，天降寒霜。怀想君子，遥遥无期难以盼望。一阕琴音，百结柔肠。

《归风送远操》的作者，是汉成帝刘骜的皇后赵飞燕。

大家的注意力慢慢集中，目不转睛。

这些年，大家跟着丞相南征北战，戎马生涯，歌舞成了模糊的记忆，听到的都是号角声、马嘶声、拼杀声，看到的都是军旗如风、将士如铁，视死如归。

这场盛宴，是曹操昨天傍晚决定的。

昨天中午，冬阳高挂，苍白无力。西北风呼啸，卷起惨白的江水，在壁立的赤壁矶激起一堆堆雪花。

曹操持槊，临江而立。他隐约能看见，对面战船列阵，"孙"和"刘"大旗并举。

曹操率领五千精兵，日行三百里，在长坂坡（今湖北宜昌当阳附近）追上刘备（221—223年在位），大胜，直达江陵（今湖北荆州）。刘表次子刘琮，不战而降。曹操又亲率精兵、刘琮的荆州水军，从江陵顺流而下，追击刘备，到达夏口（今湖北汉口）。

此前，曹操给孙权（229—252 年在位）写了一封信：

[古文原句]

近者奉辞伐罪，旌麾南指，刘琮束手。今治水军八十万众，方与将军会猎于吴。（南朝·裴松之注《三国志·吴主传》引《江表传》）

[白话文]

我最近奉天子之命，讨伐叛逆，军旗所指，刘琮臣服。如今，我统领水军八十万，将要与将军在吴地一道打猎。

孙权没有投降。

曹操早有预料，写信只不过是给孙权的部下制造一些恐慌，也表明自己的磊落：我师出有名，我也和你打过招呼，别怪我。但是，他知道，孙权不是刘琮。刘琮降，他能安排刘琮做青州刺史；孙权降，他至少要把孙权软禁起来，不给一丝喘息机会。

孙权深知这一点，所以不降。假如曹操降了他，他同样不会放过曹操。

曹操感到惊讶的是，孙权这么快就和刘备联盟。

"咳咳，咳咳……"曹操的身后、左右，咳嗽一两声，然后咳成一片。

曹操镇定如山，内心如焚。伤风发烧，会马上失去大半战斗力。而且，据密报，从中原来的五千精兵，已经有人感染瘟疫。

"赵俨何在？"曹操在心里感叹。

赵俨为都督护军，护于禁、张辽、张郃、朱灵、李典、路招、冯楷七军，是曹操的主力部队。他们走陆路，从襄阳出发，准备和曹操会师，拿下江夏（今湖北武汉），先灭刘备，再顺道逼孙权投降。

赵俨靠两条腿走路，日夜兼程，也赶不上曹操坐船顺江而下。而且，襄阳距离夏口更远。

曹操与孙刘在赤壁对峙，赵俨还在半路上。

曹操不能等。他有从中原带来的五千精兵，还有收编的七万荆州水兵，孙刘虽然联盟，不过乌合之众。

但是，"初一交战，操军不利，引次江北"（《资治通鉴·赤壁之战》）。五千精兵不习水战，七万水军士气不高。

刚露败绩，曹操立刻退兵江北乌林，隔江和孙刘大军相

高 颂

望，等赵俨的大军。

音乐忽然激越。

侍从退后，三对壮士登台。壮士每人左手执盾牌、右手握斧，攻守进退，动作整齐、孔武有力。

大家看明白，这是《干戚舞》，演绎的是上古大神刑天。

大家的情绪被调动起来。

曹操微醺，单手撑地，稳稳地升起来。他右手高举白玉杯，仰头。酒如练，也如注。他一饮而尽，双手捧杯，杯口照着大家。然后侧仰着头，两手抻开。青色的广袖连带着长袍，像要凌风而起。

灰衣侍从接过曹操右手的白玉杯，另一位灰衣侍从吃力地捧着槊，交到曹操的左手。

曹操左手抓住槊的上部，右手握着下部，向后一收，左脚跨前半步，槊随即刺出；向左一挡，向右一挑，拨开左右刺过来的戈矛刀戟；猛地向前一突，直刺对方；左腿前屈，右手抡槊向后横扫；收回槊，右手握住，向下一顿："嗵！"

这几个动作，势大力沉，行云流水，一气呵成。一点儿看不出曹操五十四岁。

太祖武皇帝，沛国谯人也，姓曹，讳操，字孟德，汉相国参之后。（西晋·陈寿《三国志·魏书一·武帝纪第一》之《曹操传》）

［白话文］

太祖武皇帝曹操，是沛国谯人，字孟德，西汉相国曹参的后代。

曹操的祖上是曹参，汉朝开国元勋之一。

曹操的祖父曹腾，前后侍奉四位皇帝，位高权重。

曹腾是宦官，过继了一个儿子叫曹嵩。曹嵩官至太尉。"莫能审其生出本末。"（《三国志·曹操传》）查不到曹嵩是从谁家过继的。但是，"嵩，夏侯氏之子，夏侯惇之叔父。太祖于惇为从父兄弟。"（三国时期·吴国人《曹瞒传》）。曹嵩是夏侯家的儿子，是曹操的亲信将领夏侯惇的叔父。曹操和夏侯惇是堂兄弟。曹嵩生曹操。

曹操自幼习武，胆大心细，曾经潜入宦官张让家中行刺，被张让发觉，"乃舞手戟于庭，逾垣而出。才武绝人，莫之能害"（东晋·孙盛《异同杂语》）。曹操执戟，冲过庭院，翻墙逃走。

高 颂

"谢丞相！"大家情绪昂扬，一起站起来，双手举杯。

曹操迷蒙的视线里，看见了郭嘉。他愣了一下，眨眨眼睛，郭嘉仓皇转身。再眨眼间，郭嘉不见了。

去年夏天，曹操决定北征乌桓，讨伐逃遁到乌桓的袁绍之子袁尚，也趁机平定北方。

满朝文武反对，认为时机不成熟，只有郭嘉支持曹操的决定。曹操带兵亲征。此战惊心动魄、险象环生，但是天时地利人和，曹操大破乌桓部落，彻底铲除袁绍势力，统一北方。

班师回朝。途中，郭嘉病死，年仅三十八岁。

曹操吊丧，扶棺对荀攸说："诸君年皆孤辈也，唯奉孝最少。天下事竟，欲以后事属之，而中年夭折，命也夫！"（《三国志·魏书十四·程郭董刘蒋刘传》之《郭嘉传》）

诸位年纪和我差不多，只有奉孝（郭嘉）最小。等天下平定了，我打算把身后的事托付给他，哪里知道他中年就死去了。奉孝死，乃天丧我也！

南方未定，郭嘉先亡，曹操情绪低落。路过碣石山，他凝神而望，突然一勒缰绳，跃马登高。

碣石山，秦始皇、汉武帝曾经登临的圣地。

"陛下，你们看到了什么？"曹操在心里叩问。

曹操内心，深藏着一个秘密：他是宦官的孙子。虽然爷爷曹腾官声很正，受人敬重，毕竟是宦官。这个秘密重压了他的少年时代，让他多疑、自卑，也让他清醒、自强。

曹操看到大海吞吐着日月，看到星汉从波涛中升起。宇宙无边，人生有限，但是可以与日月同辉、与星辰同寿。

曹操顿时心情浩荡，如大海扬波：

> 东临碣石，以观沧海。
>
> 水何澹澹，山岛竦峙。
>
> 树木丛生，百草丰茂。
>
> 秋风萧瑟，洪波涌起。
>
> 日月之行，若出其中；
>
> 星汉灿烂，若出其里。
>
> 幸甚至哉，歌以咏志。

（《观沧海》）

夜幕降临，曹操在帐中沉吟。群雄逐鹿，有的灰飞烟灭，有的不知所终，有的卧床不起，而他虽然过天命之年，仍然能

高　颂

南征北战，而且捷报频传。他掩抑不住地兴奋和自豪：

> 神龟虽寿，犹有竟时；
>
> 腾蛇乘雾，终为土灰。
>
> 老骥伏枥，志在千里；
>
> 烈士暮年，壮心不已。
>
> 盈缩之期，不但在天；
>
> 养怡之福，可得永年。
>
> 幸甚至哉！歌以咏志。

（《龟虽寿》）

曹操彻夜难眠，又写《冬十月》《土不同》，以《艳》为序曲，与《观沧海》《龟虽寿》组成《步出夏门行》。

今年正月，曹操率兵回到许都。

曹操在邺城（今河北临漳）南郊挖玄武池，操练水兵。"秋七月，公南征刘表。"（《三国志·曹操传》）七月兵发江南，征伐刘表。

如果不是天下分久未合，曹操已经不想用兵。

汉灵帝用人不当，宦官张让、段珪（guī）等把持朝政。

宋 武元直 《赤壁图卷》

贼臣持国柄，杀主灭宇京。

荡覆帝基业，宗庙以燔（fán）丧。

播越西迁移，号泣而且行。

瞻彼洛城郭，微子为哀伤。

（《薤（xiè）露》）

[白话文]

董卓入京篡政，杀少帝、毁洛阳，颠覆汉朝政权、烧毁刘家祖庙，挟持献帝西迁长安。看到洛阳一片狼藉，像微子看到商朝就要灭亡一样悲痛。

于是，"关东有义士，兴兵讨群凶"（《蒿里行》）。但是，长期战争，山河蒙难，生灵涂炭。"白骨露于野，千里无鸡鸣。生民百遗一，念之断人肠。"（《蒿里行》）沃野看不到庄稼，白骨遍地；千里听不到鸡鸣，渺无人烟。一百个老百姓当中只剩下一个还活着，痛心不已。

战，是为了不战。

曹操拖着槊，走到帐中央，对文官武将说："置酒设乐于大船之上，吾今夕欲会诸将。"（元末明初·罗贯中《三国

演义》)

大家跟着曹操，来到帐外，走到江边，登上战船。战船已经按丞相计策，用铁索相连，既气势如虹，又如履平地。

曹操槊立船头，酒祭江月，然后横槊对大家说：

我持此槊，破黄巾、擒吕布、灭袁术、收袁绍，深入塞北，直抵辽东，纵横天下：颇不负大丈夫之志也。此情此景，感慨系之。今对此景，甚有慷慨。吾当作歌，汝等和之。(《三国演义》)

"听丞相令！"大家齐声说。

对酒当歌，人生几何！

譬如朝露，去日苦多。

慨当以慷，忧思难忘。

何以解忧？唯有杜康。

青青子衿，悠悠我心。

但为君故，沉吟至今。

呦呦鹿鸣，食野之苹。

我有嘉宾，鼓瑟吹笙。

明明如月，何时可掇。

忧从中来，不可断绝。

越陌度阡，枉用相存。

契阔谈宴，心念旧恩。

月明星稀，乌鹊南飞。

绕树三匝，无枝可依？

山不厌高，水不厌深。

周公吐哺，天下归心。

（《短歌行》）

"……周公吐哺，天下归心！"大家举杯齐和。

十一月十五日夜，江上一轮明月。

五天之后，东南风悄然而起，孙刘联军火烧曹军连营。大火映红了乌林对面的赤壁矶。

赵俨的大军，还在路上。

曹操大败，沿华容道狼狈撤兵，一退再退，退回到出发的地方：许都。

孙权、刘备各自夺去荆州的一部分。

自此，"三国"逐渐"鼎立"。

高　颂

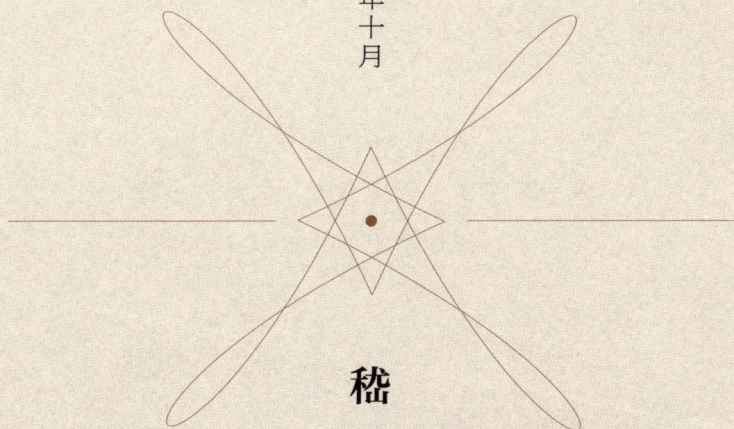

嵇 康

心灵之声，永存天地

洛阳东市刑场。

嵇康身戴木枷，脚踩木屐，走上断头台。每走一步，木屐都发出清亮的响声，如同脚下起风雷。

断头台下，黑压压的人群。哥哥嵇喜抱着古琴，站在队伍的最前面。

嵇 康

223—262 年（或 263 年），字叔夜。三国时期谯国铚（zhì）县（今安徽濉溪，一说今安徽宿州西）人。

洛阳东市刑场。

嵇康身戴木枷，脚踩木屐，走上断头台。每走一步，木屐都发出清亮的响声，如同脚下起风雷。

断头台下，黑压压的人群。哥哥嵇喜抱着古琴，站在队伍的最前面。

"请以为师——"三千名太学生，齐刷刷跪下。他们请求朝廷刀下留人，让嵇康去太学做老师。

断头台下，三千个响亮、滚烫的声音，像雷声滚滚。

监斩官一惊，手停在半空。

嵇康稳稳地站着，昂首挺胸，乌发披肩。一袭白衣敞着。萧瑟秋风吹开衣襟，露出紫红、健硕的胸脯。

名士爱喝酒，也以服"五石散"为时尚。服药之后，浑身发痒、发热，不能穿鞋子，只能穿宽大的衣服，而且要不停地奔走散热，通过衣服摩擦止痒。

嵇康服药，但是不跑。他打铁，既散热、止痒，又能补贴家用。"宅中有一柳树甚茂，乃激水圜（huán）之，每夏月，居其下以锻。"（唐·房玄龄等《晋书·嵇康传》）嵇康家院子里有一棵茂盛的柳树，他绕着树挖了个水沟。每当到了夏天，嵇康就在树下打铁，然后跳进沟里洗澡。

阳光打在嵇康身上，影子斜挂在地上。

三千颗年轻的头颅，低垂触地。

嵇康热泪盈眶。

嵇康祖上姓奚，会稽（今浙江绍兴）上虞人，后避祸来到谯郡。因为居住的地方有一座山叫嵇山，嵇康祖先就改姓嵇。他是曹操的曾孙女婿，做过中散大夫，陪伴在皇帝左右。

"康早孤，有奇才，远迈不群。身长七尺八寸，美词气，有风仪"（《晋书·嵇康传》），嵇康很小就成为孤儿，才华出众，远近无人能比。他身高七尺八寸，文采华丽、风度优雅。他走路，"肃肃如松下风，高而徐引"（南朝·刘义庆《世说新语·容止》），像松树间的风一样肃穆，高高地缓缓吹来。

监斩官再一次看着嵇康。他希望嵇康能开口说一句讨饶的话，让他有理由暂停行刑。

"呵呵……"嵇康朝监斩官轻蔑地笑笑。

事情本来并不大，或者说，事情不应该大到要杀头的地步。

安，巽庶弟，俊才，妻美。巽使妇人醉而幸之。丑恶

发露，巽病之，告安谤己。（东晋·干宝《晋纪》）

安妻甚美，兄巽幸之。巽内惭，诬安不孝。（南朝·臧荣绪《晋书》）

吕安（?—262年或263年，字仲悌）是魏明帝时期镇北将军、冀州牧吕昭的次子，小字阿都。他英俊潇洒，妻子徐氏非常漂亮。

吕安的同父异母哥哥吕巽（生卒年不详），字长悌。他看上了弟媳妇徐氏，用酒灌醉徐氏，强暴了她。

吕安很快就知道了这件事，休了徐氏。徐氏羞愧难当，上吊死了。吕安找到嵇康，说要到官府控告吕巽。

嵇康和吕安、吕巽都是朋友，而且是通过吕巽认识了吕安。

"家丑不要外扬。"嵇康出面调解。

于是，吕巽道歉，吕安撤诉。

但是，吕巽担心把柄操在吕安手上，诬告吕安不孝，曾经打过母亲，请求官府把吕安发配到边远的地方去。

监斩官举了一半的手缓了缓，再一次举起。

"请以为师——"三千名太学生抬起头。阳光照在他们悲戚的脸上。

出素琴拜謝擾

清醉逅風况

邪气坐柔似无

光照子洒率皂皂

人守家孫理如但

當諸七追守人

左右己

持

東來聲何
趣國談笑間已
移步忽覺義皇上
題高時秣出弦
歸言池宴財郡柱
凡賓翔筆踐於生
鸰鶒坐中發蓋襖
聖主屬同吉軟江
川

嵇康深受触动。世道艰难，总还是有人挺身而出。虽然很天真，以为挺身而出就能改变一切，最后都是无济于事，甚至搭上性命，但是这并不能阻挡挺身而出。

嵇康如果不挺身而出，也不至于如此。

太祖遂徙安边郡。遗书与康：昔李叟入秦，及关而叹，云云。太祖恶之，追收下狱。（《晋纪》）

康与东平吕安亲善，安兄巽诬安不孝，康为证其不然。（《资治通鉴·魏纪十》）

官府信以为真，发配吕安。

吕安在路上给嵇康写了一封信，信中提到老子当年过函谷关去秦国时，对一路所见的民不聊生发过感慨。

信的内容传到司马昭的耳朵里。

司马昭（211—265 年），是三国时期曹魏权臣，西晋王朝的奠基人之一，西晋开国皇帝司马炎的父亲。他认为吕安是在影射他、影射司马家族，非常愤怒，派人抓回吕安，关进牢房。

嵇康挺身而出，做了两件事。

第一件事，说明事情的经过，证明吕巽是恶人先告状、无中生有。

高　颂

第二件事，写了一封绝交书给吕巽。

[古文原句]

阿都去年向吾有言：诚忿足下，意欲发举。吾深抑之……又足下许吾终不击都，以子父交为誓，吾乃慨然感足下，重言慰解都，都遂释然，不复兴意。足下阴自阻疑，密表击都，先首服诬都，此为都故，信吾，又无言。何意足下苞藏祸心邪？……若此，无心复与足下交矣。……从此别矣！（《与吕长悌绝交书》）

[白话文]

去年阿都对我说，他对你很气愤，打算控告你，我极力劝阻了他……后来你以你们父子的名义起誓，永远不伤害阿都。我相信了你，再次劝慰阿都，阿都放弃了告你的想法。没想到你那么阴险，瞒着我们到官府告状……事已如此，我不想再和你做朋友了，从此永远不来往！

嵇康给吕巽的绝交信，被钟会看到了。

钟会（225—264 年），三国后期曹魏重要谋臣，是太傅钟繇（yáo）（151—230 年）的小儿子、车骑将军钟毓（yù）（？—263 年）的弟弟。他足智多谋，做司马昭幕僚的时候，经常出奇招。司马昭非常器重他。

赤壁之战后，三国逐渐形成鼎立之势。司马家族为曹魏立下汗马功劳，也在征战中不断壮大了自己，具备了取代曹魏的野心和实力。司马家族日渐兴旺，曹魏日渐衰弱。

司马家族笼络人心、扩充力量的时候，很多官员尤其是声名显赫的名士，不肯合作，纷纷弃官、躲官，跑到"竹林"里去饮酒、清谈。

"竹林"里最著名的有"七贤"，阮籍、山涛、刘伶、阮咸、向秀、王戎，还有嵇康。

如果要有第八个，就是吕安。

这些人都有不错的家世，也都做过官，都是玄学的代表人物，天下闻名。

他们都是司马昭争取的力量。

天忽然暗了下来。

监斩官吓了一跳，以为太阳下山。当斩的犯人，必须在日落之前行刑。他仰起头，看到一大片乌云遮住了太阳。骤然起了一股冷风，吸起地上的落叶打着旋。几只路过的鸟雀被吹斜了身体，扑扇着翅膀乱窜。

嵇康白色的衣襟在风中啦啦作响，披肩的黑发飘拂。

"请以为师——"三千名太学生跪坐在地上，齐声高喊。

监斩官惊恐地看着刑场下一张张天真的脸。风把灰尘吹进他的眼睛。他举着的手不动，另一只手揉着眼皮，趁势偷偷瞄了一眼断头台后面。

断头台后面有一座木楼。竹帘那边，站着钟会。

嵇康是"竹林七贤"的精神领袖，是不与司马昭合作的人中态度最彻底、最坚决的一个。

司马昭不甘心，让钟会去接近嵇康。

钟会第一次见嵇康，嵇康和向秀在打铁。"康居贫，尝与向秀锻于大树之下，以自赡给。"（《晋书·嵇康传》）

［古文原句］

颍川钟会，贵公子也，精练有才辩，故往造焉。康不为之礼，而锻不辍。良久会去，康谓曰："何所闻而来？何所见而去？"会曰："闻所闻而来，见所见而去。"会以此憾之。（《晋书·嵇康传》）

［白话文］

颍川人钟会，出身高贵，精明干练，有才华、善辩论。他去拜访嵇康。嵇康不理睬他，继续打铁。过了很久，钟会要离开了，嵇康问他："你听到什么消息跑来的？又看到什么东西离开了？"钟会说："听到我所听到的东西所以来了，看到我所看到的东西所以走了。"钟会因此对嵇康怀恨在心。

机会来了！
钟会看到嵇康写给吕巽的绝交书，马上报告司马昭。

［古文原句］

"嵇康，卧龙也，不可起。公无忧天下，顾以康为虑耳。"因谮"康欲助毌（guàn）丘俭，赖山涛不听。昔齐戮华士，鲁诛少正卯，诚以害时乱教，故圣贤去之。康、安等言论放荡，非毁典谟，帝王者所不宜容。宜因衅（xìn）除之，以淳风俗"。（《晋书·嵇康传》）

［白话文］

"嵇康是卧龙，不能让他有出头之日。您如果想让天下无忧，就必须要提防嵇康。"于是进谗言说，（您的哥哥司马师讨伐毌丘俭的时候）嵇康本来要帮助毌丘俭谋反，全靠山涛的制止。以前齐国姜太公杀华士，鲁国孔子杀少正卯，是因为华士、少正卯扰乱秩序、破坏教化，所以圣贤把他们杀了。嵇康、吕安等人言论放荡，诽毁礼教，这是帝王所不能容忍的。

　　　　　　　　　　　　　　　　　高　颂

您应该趁这个机会除掉他们，来净化风俗。

司马昭被钟会说动了。

司马昭倒不是在乎嵇康写给吕巽的绝交书，而是由这一封，想起嵇康写给山涛的绝交书。

山涛（205—283 年，字巨源），品行高尚，才能卓著，在"竹林七贤"里最年长。总躲在竹林里，不是长久之计。他看曹魏大势已去，答应司马昭，走出竹林，为江山社稷、黎民百姓做点儿事情。他升职后向司马昭推荐嵇康接任自己的职位。

司马昭同意，让山涛去找嵇康。

嵇康怒不可遏，立即写《与山巨源绝交书》，说自己"有必不堪者七，甚不可者二"。

所谓"七不堪"：一大早要起床，一举一动要守规矩，要正经穿衣服，要写公文和要应酬，要违背自己的本性，要和庸俗的人相处，要耐住性子处理公务。

所谓"二不可"：不再议论、抨击成汤、周武王、周公、孔子这些圣人，做不到；不爱憎分明、直言不讳、疾恶如仇，做不到。

嵇康的"七不堪"与"二不可"，充满了对山涛的鄙视，更多的是对司马家族的不敬和对官场的讽刺。

［古文原句］

昭闻而怒之。(《资治通鉴·魏纪十》)

［白话文］

司马昭听说后，极为愤怒。

乌云飘过，太阳偏西，天地明亮。风还在，吹送的是秋阳温暖。

嵇康临风而立。

监斩官再一次把举着的手向上伸。

刽子手一手提刀，一手端酒，一步一步登上断头台。

"采薇山阿。散发岩岫。永啸长吟。颐性养寿。"三千名太学生明白结局无法改变，齐声高歌。

到山林采野薇啊，散发行走。我们高歌又长吟啊，延年益寿。

这是嵇康在狱中写的《幽愤诗》。

《幽愤诗》这么快就被传诵。嵇康很高兴和满足。七尺之躯可以消亡，心灵之声永存天地之间。

高　颂

太阳西沉。

天空中传来雁叫声声。

"嘎——嘎——"

"嘎——嘎——"

大雁在很高的地方排成"人"字，飞向南方。

嵇康目送归鸿，低头看脚下，"顾视日影"（《晋书·嵇康传》）。自己与长长的影子也是一个"人"字。他知道还有一点儿时间，神色不变，从哥哥嵇喜手中接过古琴，弹《广陵散》。

曲终，嵇康仰天长叹："广陵散于今绝矣！"（《世说新语·雅量》）

"噗——"刽子手大喝一口酒，喷在刀刃上，然后把酒碗摔在地上，"啪！"

监斩官的手像突然被抽去了筋骨，软了下来。

嵇康卒，享年四十来岁。

行刑前，嵇康把十岁的儿子嵇绍（shào）（253—304 年）托付给山涛。

山涛不负重托，将嵇绍抚养成人。

永兴元年（304 年），嵇绍为保护晋惠帝，殉难。

公元 353 年三月

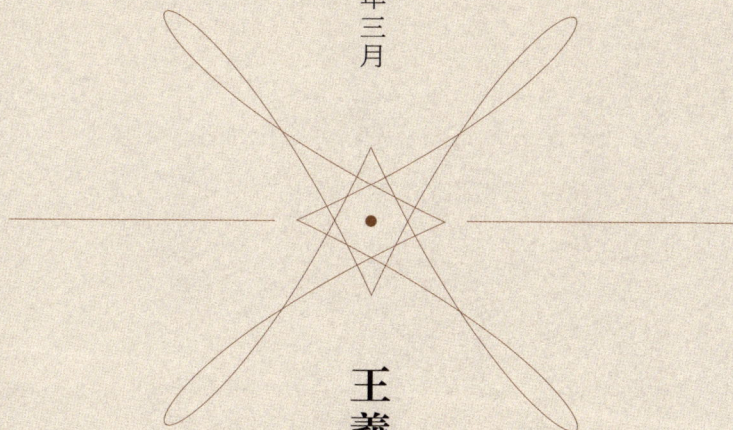

王羲之

他们，就在此山中

王羲之被五石散激励着，脸色绯红，眼睛发亮。他看着西南方向的兰渚山说："呵呵，他们已在此山中。"

王羲之

303—361 年，字逸少。原籍琅琊郡临沂（今山东）人，后迁会稽山阴（今浙江绍兴），晚年隐居剡（shàn）县金庭（今浙江）。

王羲之起床，双手没能把上身撑起来。

夫人郗（chī）璇（xuán）端来一杯冷水，让王羲之服了丹药五石散。五石散反应很快，他一下子就浑身来劲儿，很快起床，穿戴完毕，走出厢房。

大儿子王玄之带着几个弟弟站在院子里。

"父亲，"王献之（344—386年）问王羲之，"伯伯、叔叔——他们都来祓（fú）禊（xì）（春季上巳日在水边洗涤身体、驱除邪气的仪式）吗？"

王羲之被五石散激励着，脸色绯红，眼睛发亮。他看着西南方向的兰渚山（即兰亭山）说："呵呵，他们已在此山中。"

朝阳把新鲜、活泼的光芒洒在兰渚山顶，形成一条秀丽的金线。微风带着凉意，忽有忽无地吹过。几缕淡淡的雾气飘忽，像是谁遗失在风中的丝帛。树林青绿，裸露的山石反射着湿润的光。

王羲之一家早就起来了。十口人，站成两边。

父亲王羲之一边，围着长子王玄之、次子王凝之、三子王涣之、四子王肃之、五子王徽之、七子王献之。他们穿着宽松的单衣，兴奋让他们忘记了寒冷。

母亲郗璇一边，六子王操之和小女儿王孟姜站在左右。他们穿着棉袄。王操之缩着脖子，身子夹紧。他一夜高烧，喝了药汤也不退，今天就不能和父亲、兄弟们去祓褉了。

王献之搂着王孟姜的肩膀，指着远处天空中的风筝说："妹妹，我们就在那个风筝下面祓褉。"

"我知道，"王孟姜说，"就是沐浴，所以我不去。"

王羲之带着六个儿子，走得很欢快。

三月的第一个巳日为"上巳"。春秋战国时期起，人们在这一天去水边，洗掉一冬的污垢，象征去掉一年的晦气。上巳一般在三月初三，汉代把这一天定为"上巳节"。

"父亲，"王玄之看着五弟王徽之、七弟王献之蹦蹦跳跳走在最前面，对王羲之说，"儿子想起父亲教授的夫子的《论语·先进》。曾子说——"

"暮春者，春服既成。冠者五六人，童子六七人，浴乎沂（yí），风乎舞雩（yú），咏而归。"王凝之接过话说。

"呵呵，对！"王羲之解开衣带，袒胸露肚，"夫子喟然叹曰：'吾与点也！'"

"女曰：'观乎？'"王徽之向前一跳。

"士曰：'既且。'"王献之也向前一跳。

"且往观乎？"王徽之侧身问王献之。

"洧之外，洵（xún）訏（xū）且乐。维士与女，伊其相谑，赠之以勺药。"王献之拉着王徽之的手说。

王羲之问："老五、老七在说什么？"

"他们在说父亲教授的《郑风·溱（zhēn）洧（wěi）》。"王涣之听了听说。

三月三，溱水与洧水解冻，男男女女手持兰花，到郊外踏青。一个姑娘遇到一个小伙子说，我们去看看吧。小伙子说，我刚才看过了。姑娘说，你一个人看和我们两个人一起看是不一样的，再看一次又何妨？于是他们到了洧水对岸，玩得很开心，分别的时候互赠香草，期待下一次同游。

"哈哈……"王羲之开心地笑着。五石散在血液中彻底释放，浑身燥热。他加快步伐，让带起的风吹到自己。

太阳的金线已经到半山腰，天地大亮。

天空蔚蓝，白云如絮。风筝飞在很高的地方，有的像龙，有的像蜈蚣，有的像大鹏，拖着长长的、漂亮的尾巴，拴着的竹筒或者葫芦发出悦耳的声音。

"布谷，布谷……"布谷鸟不知道在哪块天空飞。

小路蜿蜒。平地麦苗青青，缓坡油菜开花，山坡杂花生树。渠水清亮，柳条轻飘。

王羲之追上王献之。他很喜欢这个小儿子。

"父亲，练习书法有秘诀吗？"王献之曾经问父亲。

"有啊！"王羲之指着院里的十八口水缸说，"你把水缸中的水写完就知道了。"

王献之明白父亲的意思，更加下功夫练习写字，进步非常大。

有一天，王羲之看王献之专心练习书法，悄悄走到背后，突然伸手抽他手中的毛笔。

王献之握笔很牢，没有被抽掉。

兰渚山南有一个辽阔的河谷。河面很宽，河水夏季到脖子，春秋季及腰，冬季过膝。

王羲之邀约名流参加上巳节活动的第一站，就是这里。

王羲之去年上巳节发出邀请：永和九年（353 年），三月初三聚会。

王羲之的祖父王正，官至尚书郎。一个伯父王导，是一代名相；一个伯父王敦，是大将军。父亲王旷，是淮南太守，也是最早提议晋王室南渡的人。岳父郗鉴，做过安西将军、兖（yǎn）州刺史、太宰。

王羲之由江州刺史升任会稽内史，因军政合一，王羲之的军号是右将军，是当地最高行政长官。他因为我行我素、不合

高　颂

俗流，成为郗鉴的"东床快婿"。他的书法"入木三分"，艺术成就极高。

"父亲，那些伯伯、叔叔会来吗？"王献之问。

王羲之说："会的。"

"为什么啊？"王献之又问，"是因为父亲有名吗？"

"哈哈……是——"王羲之说，"伯伯、叔叔们有时间，也有心情。"

西晋在 265 年开国，定都洛阳。好景不长，"八王之乱""五胡乱华"，西晋在 317 年灭亡。以长江天险为界，长江以北归五胡十六国，长江以南归东晋，定都建康（今江苏南京）。

东晋的天下，相对太平。长江以北大乱，没有力量和时间进攻江南，江南也没有收复江北的力量和想法。

西晋的大批名流选择南渡，官邸一般都建在建康秦淮河边的乌衣巷，大部分时间在会稽（今浙江绍兴）的山林隐居、清谈。他们出身望族，祖上或者是开国元勋，或者是兴国功臣，自己才华横溢、智勇双全。他们不想当官了，立刻挂冠而去；他们想当官了，马上成为栋梁。

这些名流，朝廷召见任用，未必肯去，但是王右军召集，必须要到的。

著名的"四大家族",都有人到场。

琅琊郡(今山东临沂)王氏:王羲之率领六个儿子;

陈郡(今河南太康)谢氏:谢安和弟弟谢万;

颍川郡(今河南禹州)庾氏:中书监庾冰的儿子庾友、庾蕴;

谯国龙亢(今安徽怀远)桓氏:大司马桓温的儿子桓伟;

高平郡(今山东金乡)郗氏:郗鉴的儿子、王羲之的小舅子郗昙;

以及中都(今山西平遥)孙氏:孙统、孙绰兄弟和孙绰的儿子孙嗣……

计四十二人。

"扑通!"王羲之跳进水里。

王羲之是主人,是这次活动的召集人,理应当先,而且他服了五石散,迫切需要冷水降温。

"右军,我来也!"英俊潇洒的谢安跟着跳进水里。

"扑通!"

谢安(320—385年)是太常卿谢裒(póu)的儿子、豫章太守谢鲲的侄子、镇西将军谢尚的弟弟、从事中郎谢万的哥哥、散骑常侍谢玄的叔叔。他多次辞官,放浪形骸,一旦需要就"东山再起"。

"扑通！"

"扑通！"

"……"

名流中除了孩子，大部分都服丹药五石散。服丹药是时尚，也是身份的象征。精力不济，马上服药，精力陡增；再不济，再服药，再陡增……成瘾成癖，周而复始。大家都燥热难耐，见到清冽的河水，如同蛟龙临渊，争前恐后。

四十二位东晋名流，在春天的河流祓禊。他们每年都会遵循习俗，在三月三沐浴，但都是各自行事，像这样大规模团聚还是第一次。他们本来就行为放荡、崇尚自由，现在回归自然，心旷神怡，天高地阔。就连他们的随从，也忍不住跳进寒冷的流水中。

临近中午，四十二人上岸。

中午，四十二人来到兰亭。

"请——"郗璇牵着王孟姜，站在兰亭门口迎接客人。

兰亭是王羲之家的园林。春秋时期，越王勾践在这里种植兰花，汉朝在这里设驿亭，所以叫"兰亭"。

王羲之去年发出邀请之后，就开始对兰亭进行改造。

明 文徵明 《兰亭修禊图》（节选）

挖一条曲曲弯弯的沟渠，在沟渠两边种草植树、安置石凳竹椅，在沟渠底部放置水草、卵石。把碗口粗的毛竹劈开，打通关节，一节一节连接，从山上引来清泉。清泉不断，流水不止。主宾沿着沟渠分坐在两边，边饮边等。酒杯斟满，放在托盘上，顺流而下。流经主宾面前，如果不能作诗，罚酒三杯。

"哈哈，好一个'曲水流觞'！"谢安在水边占了一个位置，又拉王献之坐下。

王羲之对曲水上游说："开始！"

托盘上的酒杯，顺着曲折的流水而来。

"代谢鳞次，忽焉以周。欣此暮春，和气载柔。咏彼舞雩，异世同流。迤（yí）携齐契，散怀一丘。"王羲之先作诗。

"伊昔先子，有怀春游。契此言执，寄傲林丘。森森连岭，茫茫原畴。迥（jiǒng）霄垂雾，凝泉散流。"谢安随后作诗。

"……"王献之接不上。

"这酒——"谢安看着王凝之问。

名流大笑。

"我代七弟喝。"王凝之拿起酒杯，一饮而尽。

"春咏登台，亦有临流。怀彼伐木，宿此良俦。修竹荫沼，旋濑（lài）荣丘。穿池激湍，连滥觞（shāng）舟。"孙绰继续作诗道。

"温风起东谷，和气振柔条。端坐兴远想，薄言游近郊。"郗昙跟着。

"……"谢瑰接不上。

"哈哈——喝！"名流起哄笑着。

谢瑰把酒倒进嘴里。

"庄浪濠津，巢步颍湄。冥心真寄，千载同归。"王凝之接着作诗。

……

太阳西下。

十一人各成两首；

十五人各成一首；

十六人没成。没成的中间，有年龄最小的王献之。

一场声势浩大的雅集，得诗三十七首。

"盛世盛事，可辑成《兰亭集》！"谢安拱手对王羲之说，"《兰亭集序》，非右军莫属。"

"诺！"王羲之微醺，取鼠须笔、蚕茧纸，沉吟片刻。

众人凝神屏息。

永和九年，岁在癸丑，暮春之初，会于会稽山阴之兰亭，修禊事也。群贤毕至，少长咸集。此地有崇山峻岭，茂林修竹；又有清流激湍，映带左右，引以为流觞曲水，列坐其次。虽无丝竹管弦之盛，一觞一咏，亦足以畅叙幽情。

是日也，天朗气清，惠风和畅。仰观宇宙之大，俯察品类之盛，所以游目骋怀，足以极视听之娱，信可乐也。

夫人之相与，俯仰一世。或取诸怀抱，悟言一室之内；或因寄所托，放浪形骸之外。虽趣舍万殊，静躁不同，当其欣于所遇，暂得于己，快然自足，不知老之将至。及其所之既倦，情随事迁，感慨系之矣。向之所欣，俯仰之间，已为陈迹，犹不能不以之兴怀。况修短随化，终期于尽！古人云："死生亦大矣。"岂不痛哉！

每览昔人兴感之由，若合一契，未尝不临文嗟悼，不能喻之于怀。固知一死生为虚诞，齐彭殇为妄作。后之视今，亦犹今之视昔，悲夫！

王羲之醉眼迷蒙，泪流满面，编写边诵：

［古文原句］
故列叙时人，录其所述，虽世殊事异，所以兴怀，其致一也。后之览者，亦将有感于斯文。

　　　　　　　　　　　　　　　　高　颂

所以记下每一个与会的人，录下他们所作的诗篇。即使时代变化、事情不同，但是触发人们情怀的原因都是一样的。后世的读者，也将对这次集会的诗文有所感慨。

王羲之一气呵成《兰亭集序》，计二十八行，三百二十四字。

书文双璧。

入夜，万籁俱寂。

"父亲，"王献之望着隐在黑暗中的兰亭，好像白天的热闹还在眼前，"伯伯、叔叔们哪里去了？"

王羲之颓唐地靠着王献之，指着黑黢黢的兰渚山笑着说："他们——就在此山中。"

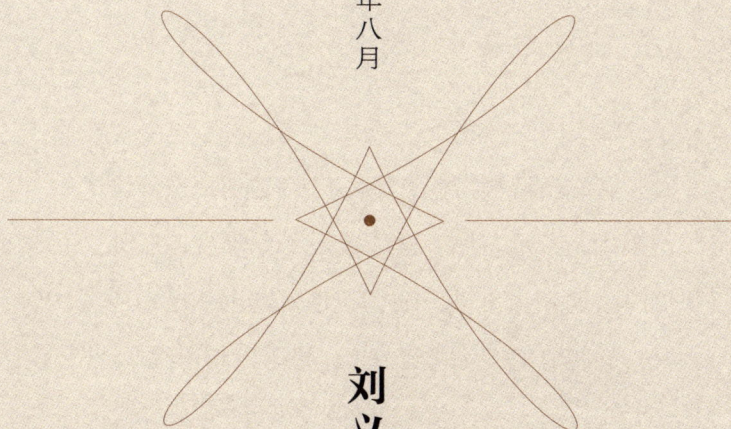

公元 443 年八月

刘义庆

野麋入府

刘义庆生病两个月了。

这次病得很奇怪，既不气势汹汹，也不偷偷摸摸，和没有病一样，就是浑身难受，日渐消瘦。他躺也不是，站也不是，走也不是，还好，他还能坐——能坐下来，是因为有事做。

刘义庆

403—444 年，字季伯。原籍彭城（今江苏徐州），南朝时世居京口（今江苏镇江）。

广陵的天黑得有些迟。

刘府已经把灯都点亮了。

院子里，屋檐下、树丫上，一挂挂灯笼；房间里，房梁、墙角、书桌，一盏盏油灯。灯笼和油灯，都是才买的。它们把刘府照得亮如白昼，一根针掉在地上也能看得见。

"门外……上灯了吗？"刘义庆刚喝过一碗绿豆汤，一身汗。

"回主公，上了。"管家王五说。他顿了顿，又说："后门也上了。"

"呃——后门？"刘义庆问。

王五说："是。"

"……"刘义庆没有说什么。后门挂灯笼，好像画蛇添足了——但是，挂就挂了吧。

"笃！"屋外有人敲打梆子。

打更都是在天黑之后，很少听说太阳一落山，天还亮着，更夫就出动的。大概敲打梆子的人也觉得好笑，又有些不好意思，敲得鬼鬼祟祟，还带着"吃吃"的笑声。

［古文原句］

义庆在广陵，有疾而白虹贯城，野麋入府。（唐·李延寿《南史》卷十三《列传第三·刘义庆传》）

［白话文］

刘义庆在广陵生了病，白色的长虹横贯广陵城上空，野獐跑进王府中。

点灯和打更，与"野麋入府"有关系。

这是大家都知道的。

半个月前的一天中午，狂风大作、电闪雷鸣、暴雨倾盆。雨过天晴，一道白色的长虹横跨天空。全城惊恐，不知道这个异象是凶是吉。

刘义庆心里非常不安。

任何一点儿异常，刘义庆都会和自己联系在一起，或者说，他都会想是不是与自己有关。他知道这样不好，但是他控制不住。

刘义庆生病两个月了。

这次病得很奇怪，既不气势汹汹，也不偷偷摸摸，和没有病一样，就是浑身难受，日渐消瘦。他躺也不是，站也不是，走也不是，还好，他还能坐——能坐下来，是因为有事做。

刘义庆要编撰《世说》。

刘义庆是南朝宋武帝刘裕的侄子。长沙景王刘道怜，是他

高 颂

的父亲；大将军刘道规，是他的养父。宋文帝刘义隆是他的堂弟。

"义庆幼为武帝所知。"（《南史·刘义庆传》）刘义庆从小就得到宋武帝的赏识。他十三岁袭爵南郡公。十八岁袭封临川王。二十二岁任秘书监，掌管国家图书；任丹阳尹，执掌国都及周边地区的军权、民政，荐举任用，参与朝政。二十七岁任尚书左仆射（yè）（相当于宰相）。他先后还担任过辅国将军、荆州刺史、卫将军、江州刺史和南兖州刺史。

"此吾家丰城也"（梁·沈约《宋书》卷五十一《宗室·刘义庆传》），这是我们刘家江山的依靠啊！宋武帝这样评价刘义庆。

"迎送物并不受""留心抚物""在州八年，为西土所安"（《南史·刘义庆传》）。刘义庆不收礼物贿赂，很会安抚人心，任荆州刺史的八年，使西部地区安定、发展，廉洁、正直、能干。

但是，刘义庆的志向似乎不在江山。

［古文原句］

少善骑乘，及长以世路艰难，不复跨马。招聚才学之士，远近必至。太尉袁淑，文冠当时；义庆在江州，请为卫军咨议

参军。其余吴郡陆展、东海何长瑜、鲍照等，并为辞章之美，引为佐吏国臣。(《宋书·刘义庆传》)

[白话文]

刘义庆少年时代善于骑马，长大以后，因为政治仕途的明争暗斗，不愿驻马停留，而是招聚有才学的人士。饱学之士，不论远近一定前来。太尉袁淑的文章在当时最杰出，刘义庆在江州就请他做参谋。其他像吴郡的陆展，东海的何长瑜、鲍照，都有美妙的辞章，刘义庆都请来做幕僚。

刘义庆曾经任秘书监时，有机会接触、阅览皇家典籍。他知道盛世可以写华章，也清楚典籍能够传后代。

刘义庆是朝廷重臣。按照礼制，他可以招收幕僚，皇上也会任命重要的官员协助他工作。

人以类聚。他呼朋引伴，身边团聚着一个灿烂的文学群体。袁淑、何长瑜、陆展、鲍照、萧思话等，都是当时文豪。他们饱读经书、见多识广、下笔有神，都是可以倚仗的作者。

刘义庆上任江州刺史时起，就开始组织编撰《世说》，参考的样本之一是东晋裴启编撰的《语林》。

《语林》记载汉魏到两晋时期帝王将相及名士的言谈轶事，短小、隽永，人物精神，故事生动。

高 颂

和先在车中觅虱，夷然不动。周始见遥过，去行数步，覆反还，指顾心曰："此中何所？"顾择虱不辍，徐徐应曰："此中最是难测量地。"（北宋·李昉等编《太平御览》卷九百五十一《虱（shī）虮（jǐ）》）

［白话文］

顾和在车中抓虱子，坦然自若。周顗（yǐ）走过去了，又折返回来，指着顾和的胸脯问："这里面装着什么？"顾和不停地捉虱子，不紧不慢地回答："这里面是最难捉摸的地方。"

刘义庆非常喜欢《语林》。他在《世说新语·文学》中，描述了这部书的影响："裴郎作《语林》，始出，大为远近所传。时流年少，无不传写，各有一通。"裴启的《语林》刚写出来，远近都互相传看。名流和后生们互相传抄，人手一册。

现在，《世说》大功基本告成。

因为撰写的人多，风格不一，刘义庆需要一篇一篇过目、编辑，再抄写一遍定稿。好在他"爱好文义，文词虽不多，然足为宗室之表"（《宋书·刘义庆传》）。他本来就爱好文章义理，文章辞赋虽然写得不多，但也足以成为皇亲国戚中的表率。他统稿《世说》，东汉晚期、三国、西晋、东晋贵族名士的特言独行、逸闻趣事，先睹为快，以致忘记还在病中。

［古文原句］

王仲宣好驴鸣。既葬，文帝临其丧，顾语同游曰："王好驴鸣，可各作一声以送之。"赴客皆一作驴鸣。(《世说新语·伤逝》)

［白话文］

王粲（càn）（字仲宣）生前喜欢听"驴鸣"。安葬时，魏文帝曹丕去参加葬礼，回头对同来的友人说："王粲喜欢听驴叫，大家都各自学一声驴叫来送他一程吧。"于是去吊丧的客人都学了一次驴叫。

"哦呦——"刘义庆心一动。王侯将相学驴叫，看似滑稽，叫声背后是情深似海。

"吧嗒！"已近半夜，还是热。一滴汗掉在硬黄纸上，刘义庆用袖口拭去。

［古文原句］

诸阮皆能饮酒，仲容至宗人间共集，不复用常桮（bēi）斟酌，以大瓮盛酒，围坐，相向大酌。时有群猪来饮，直接去上，便共饮之。(《世说新语·任诞》)

高　颂

姓阮这一族都能喝酒。阮咸（字仲容）来到族人中聚会，不再用常规的杯子倒酒喝，而用大酒瓮盛酒，大家坐成个圆圈，面对面大喝。当时有一群猪也来喝酒，他们把上面那层被猪喝过的酒舀掉，就又一起喝起来。

"哈……呃——"刘义庆没有笑得起来。阮籍、嵇康等人，为什么整天不是到竹林里清谈，就是烂醉如泥？他们的志趣、情操呢？嗜酒如命的背后，隐藏着什么？

"啪！"

那天后半夜，刘义庆听见屋外有动静。这个时候了，谁还在外面？他搁下笔，打开门，一个像鹿大小的黑影"嗖"地穿过。他把大家喊醒。大家把院子找遍了，没有发现鹿，连一只猫都没有发现。

"没有？"刘义庆问。

王五回答："没有。"

刘义庆最近身体不好，一直在吃药。大家猜想他会不会看花了眼。他没有和大家争。

第二天早上，王五在院后的青石板上，发现一个蹄印。找人来看，断定是一只野獐留下的。

迴風載雲旗　離騷九歌少
司命之辭也　語人云當爾時

覺一座無人桓玄西下入石頭外白司

馬梁王奔敗　續晉陽秋日梁王祢之字景度
中興書日初桓玄墓位國人死
玄時事形已

樣奉祢之奔壽陽義旗既興
歸朝連仕至大常以罪誅者

濟在千乘上茄鼓並任直[]云蕭管

有遺音梁王安在哉　阮詠懷
詩也

陳林道在西岸

陳林道在西岸　晉陽秋曰逵為西中郎將
領淮南太守戍歷陽也

都下諸人共要至牛渚會陳理甚既

佳人欲共言析陳以如意駐頰望雞　吳錄曰長

籠山歎曰孫伯苻志業不遂　沙桓王諱

榮字伯苻吳郡富春人火有雄姿風年十九而

襲業衆号孫郎軍定江東為許貢客射傷

其面引鏡自照謂左右曰面如此豈復立切

業乎乃謂昭曰中國方亂夫以吳越之衆足以

觀成敗公等善相吾弟卑太皇帝梗以仰經曰

舉江東之衆決機兩之間卿不如我任賢使

能各盡其心以保江東我不如

卿慎勿北度語畢薨時年廿六　於是竟坐

大事佚

唐　佚名　《世说新书卷第六残卷》（节选）

高墙大院，野獐从哪里来的，又到哪里去了？还有，野獐半夜来王府干什么？

"点灯，打更！"刘义庆对王五说，"全点上，太阳落山就巡夜。"

"这个……"王五有些迟疑。

刘义庆一向"性简素，寡嗜欲""无浮淫之过，唯晚节奉沙门，颇致费损"（《宋书·刘义庆传》）。他性情简约朴素，没有特殊嗜好和欲望，从来不喜欢奢华，只是最近供养僧徒，花费多了一些。他怎么突然铺张起来？

王五立即照办。点灯、巡夜，可以让野獐不敢再来，来也会被发现。

刘义庆的心思，没有人知道。

刘义庆把自己生病、白虹贯城、野獐入府联系在一起。如果不生病，他不会想为什么会有白虹贯城的异象；如果没有野獐入府的异象，他不会把白虹贯城和自己联系在一起。

刘义庆是一个非常敏感的人。

［古文原句］

八年，太白犯右执法，义庆惧有灾祸，乞求外镇。太祖诏譬之曰："玄象茫昧……左执法尝有变，王光禄至今平安。日

蚀三朝，天下之至忌，晋孝武初有此异，彼庸主耳，犹竟无他。……"义庆固求解仆射，乃许之。(《宋书·刘义庆传》)

[白话文]

元嘉八年（431年），太白星侵犯右执法星。刘义庆害怕会有灾祸，请求到外地任职。南朝宋文帝召见并开导他："天象幽暗不明……左执法星曾经有过变化，可是王蕴（329—384年，字叔仁，死后追赠左光禄大夫）至今平安无事。正月初一日食，是天下最大的忌讳，晋孝武帝遇到过这种异象。他不过是一个庸碌的君主，最终还是没有什么妨害。……"刘义庆坚持请求解除仆射之职，宋文帝最后只好同意。

这一年，刘义庆二十九岁。"太白犯右执法"，是天大的异象。也许正是因为他"乞求外镇""固求解仆射"，才化解了灾祸的呢？反过来说，如果他没有外调、解职，灾祸可能已经降临在他头上。

谁说得清？

[古文原句]

义庆在广陵有疾，而白虹贯城，野麋入府，心甚恶之，因陈求还。(《南史·刘义庆传》)

刘义庆在广陵生了病，白色的长虹横贯广陵城，野獐进入王府中。他心里十分厌恶、忌讳这种事，便上书请求回京。

密折三天前用快马送建康。

庭院里的灯光，从门、窗户和天窗照进屋里。

更夫边走，边敲着梆子："当！"

听上去，一切安排妥当，不要说野獐，哪怕是一只猫都不会出现。

但是，刘义庆心里的不安不仅没有减少，反而越来越重。

山野间的獐子能够防得住，如果那只野獐是灵异呢？它预示着什么？也许，那只野獐现在化作一个影子，就站在屋里的哪个角落，甚至就在他面前盯着他。

"呼！"刘义庆每一根汗毛都竖了起来。

"主公——"王五从外面经过，听到屋里有声音，赶紧走进来。

刘义庆发现自己瘫坐在地上，椅子倒在旁边。

"要不要请太医？"王五扶刘义庆起来。

"不用啦——"刘义庆重新坐到椅子上，"快到了吧？"

刘义庆问的是皇上旨意。

"应该快了。"王五领会刘义庆的意思。他又问："皇上会不会——"

"不会的。"刘义庆说。

"此吾家丰城也。"皇上堂弟，"我家"，是我们刘家，也是"你家"。你为刘家江山——江山万代，我为刘家门面——文章万世。

刘义庆想，宋文帝是懂的。

"嘎——"屋后的皂荚树上，一只乌鸦叫了一声。

刘义庆蘸着墨水，在硬黄纸上写出一首《乌夜啼》：

笼窗一不开。乌夜啼。夜啼望郎来。

［古文原句］

文帝许，解州以本号还朝。（《南史·刘义庆传》）

［白话文］

宋文帝准许他解除州上的职务，以本官号还朝。

当晚。圣旨到。

刘义庆连夜启程。

十三年前，刘义庆二十九岁。他不想陷入刘义隆与刘义康兄弟之间的纷争，也不想被宋文帝猜忌，远离京城；在外十三年，为政勤勉，其余精力都放在《世说》上。

十三年后的今天，刘义庆预感来日不多，要求回京城，回到皇帝身边。

宋文帝懂的。

元嘉二十一年（444年），刘义庆在建康（今江苏南京）去世。宋文帝悲恸不已。追赠刘义庆司空，谥康王。

为区别汉代刘向的《世说》（原书失传），宋朝以后，将《世说》取名为《世说新语》。

《世说新语》传本为全书三卷，分为"德行""言语""政事""文学""方正""雅量"等三十六门，一千二百则。

高 颂

公元 759 年三月

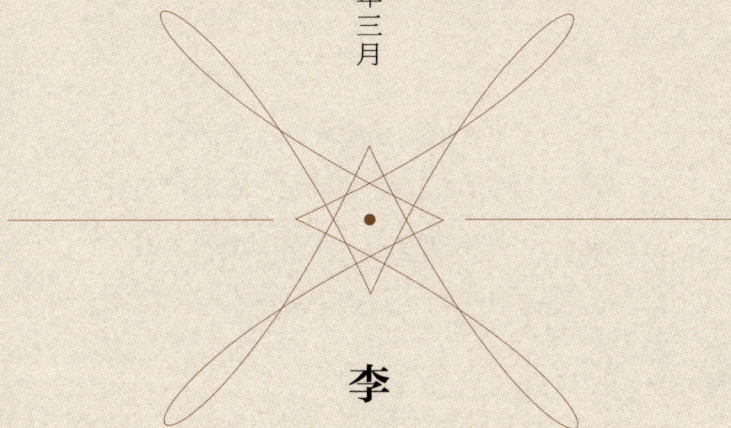

李 白

·

「还」到哪里？

每到一个驿站，换两个解差。他们身高力大，负责照顾李白以及通关公文。王顺尔和朱佑山结伴，一路跟随李白。还有一个同伴和一个解差，正在山下收拾行船，准备下一段路程的吃喝。

李　白

701—762 年，字太白，号青莲居士。祖籍陇西成纪（今甘肃秦安），唐朝时出生于蜀郡绵州（今四川江油），一说山东人，一说生于西域碎叶（今吉尔吉斯斯坦比什凯克以东）。

春风吹散了白帝山的浓雾。

白帝庙端坐在山顶。向南看，瞿（qú）塘峡的千山万壑时隐时现。大江在峡谷间蜿蜒奔腾，激流撞击峭壁，涛声响彻天外。

东边突然放出万道霞光。天地明亮，云染七彩。

昨天傍晚。

"我们明天要动身了。"王顺尔对李白说。

王顺尔不像押送"流刑"犯人的解差，更像是一个书生。事实上他不是解差，是江州（今江西九江）豫章郡（今江西南昌）的一名文官。他喜欢李白的诗。听说要押解李白长流到夜郎，自告奋勇当差。

"去哪里啊？"李白端着酒碗，从凳上移到地上。

"去夜郎啊。"朱佑山给李白捶腿。他是浔阳县（今湖北黄冈）县衙的文书，也因为喜欢李白的诗，临时当了解差。他说："我们才走到白帝城。"

李白仰头，杯中酒一饮而尽，然后低声哼唱：

[古文原句]

巫山夹青天，巴水流若兹。

巴水忽可尽，青天无到时。

三朝上黄牛，三暮行太迟。

三朝又三暮，不觉鬓成丝。

（《上三峡》）

［白话文］

巫山相对，青天在上，巴水穿高峡。巴水奔腾，如到尽头，青天依旧长。逆水行船，三个早晨在黄牛滩，三个晚上还在黄牛滩。三天三夜啊，出不了黄牛滩，不由得使人发愁，两鬓染霜。

"咳咳……"李白咳嗽起来。他的气总是不够用，肺好像布满了漏洞，一咳就收不住，好像要把破败的肺咳出来："咳咳……三朝又咳咳……三暮……咳咳……不觉……咳咳……鬓成……咳咳……丝……咳咳……"

朱佑山轻拍着李白的背。

黄牛滩确实难走。

黄牛滩重岭叠嶂，激流迂回。高处有一块巨大的岩石，形如一个人背着刀、牵着牛。船行水上。十几个纤夫拉着船，身体几乎贴地，腿蹬手扒。

"朝发黄牛，暮宿黄牛。三朝三暮，黄牛如故。"有一个纤夫边拉边唱，声嘶力竭。

李白听了，泪流满面："我当作《上三峡》。"

　　　　　　　　　　　　　高　颂

"大柱……酒来……"李白举起空空的酒碗。

顾大柱抱着酒坛子。他真是解差,脸黑、络腮胡须、膀大腰圆,刚从前一个驿站接替上来。

每到一个驿站,换两个解差。他们身高力大,负责照顾李白以及通关公文。王顺尔和朱佑山结伴,一路跟随李白。还有一个同伴和一个解差,正在山下收拾行船,准备下一段路程的吃喝。

李白第一眼看见高大的顾大柱,就赞叹说:"一夫当关,万夫莫开!"(《蜀道难》)

"所守或匪亲,化为狼与豺。"(《蜀道难》)顾大柱接了一句。

"哦——壮士听说过《蜀道难》?"李白很兴奋。

"先生大作,无人不知。"顾大柱文绉绉地回答,"噫吁戏,危乎高哉!"

"哈哈……此乃刘备托孤之地。"李白端举酒碗站起来,趔趄地走到门口。

明月东山,清辉四野。山壑安静,夜鸟高鸣。大江依旧奔流,但是没有白天的狂野,如白练飘忽。

"此地——甚好。"李白说。

"甚好也不能久留。"王顺尔说,"我们这一路走了不少时间了。"

"皇上规定我们什么时候到达夜郎？"李白忽然问。

"呃——"王顺尔说，"那倒没有。"

"那就好！"李白一口喝了半碗，用力把酒咽下去，踉踉跄跄着走到院子里，"君不见黄河之水天上来，奔流到海不复回。君不见高堂明镜悲白发，朝如青丝暮成雪"（《将进酒》）。

天宝十一年（752年），李白在嵩山遇到友人岑勋和元丹丘，作《将进酒》。

白驹过隙。"赐金放还"离开长安已经十六年，作《将进酒》也已经八年。

王顺尔和朱佑山站在一边，并不去扶李白，只是随时防备他跌倒。

夜已深。皓月当空。

"床前明月光，疑是地上霜……"（《静夜思》）李白指着明月说。

"不敢高声语，恐惊天上人……"（《夜宿山寺》）顾大柱半抱半拖，把李白拉进屋里，"太白先生，该睡觉了。"

去年初夏。

李白路过江夏（今湖北武汉），访问李邕故居。

开元八年（720年），李白不到二十岁，在渝州（今重庆）游历，拜望刺史李邕（yōng）。李邕（678—747年）是闻名于世的大名士，看不上他。他年轻气盛，作《上李邕》。他自比鲲鹏，"大鹏一日同风起，扶摇直上九万里"，告诉李邕"宣父犹能畏后生，丈夫未可轻年少"，孔圣人还说后生可畏，李大人可不能轻视年轻人啊！

李邕被李林甫所害，去世十多年了。物在人非。李白不再计较当年，感慨地说："君不见李北海，英风豪气今何在！"（《答王十二寒夜独酌有怀》）你可知北海太守李邕，那样英勇豪迈的人物如今在哪？

后来，李白又登黄鹤楼。

开元十五年（727年），李白东游归来，初登黄鹤楼。他痴迷黄鹤的传说、惊叹黄鹤楼的气势，提笔题诗，抬头却见崔颢（？—754年）的《黄鹤楼》。他被震住了："眼前有景道不得，崔颢题诗在上头。"（《句》）虽然他不久写了《送孟浩然之广陵》，仍然不甘心。后来，他终于在金陵（今南京）写出了《登金陵凤凰台》，觉得这首诗不输崔颢的《黄鹤楼》，才善罢甘休。

黄鹤楼还在，黄鹤依旧不在，写《黄鹤楼》的崔颢也已经不在。李白虽在，狼狈不堪，欲语还休。

"太白先生，"王顺尔搬出积压在心里的问题，"为什么要跟永王呢？"

"……"李白一下子颓唐，人矮胖了许多。风中的花发凌乱，像深秋时节顶着霜露的一蓬衰草。

天宝十四年（755年）十一月，安禄山以讨伐杨国忠（？—756年）为名，从范阳［今河北涿（zhuō）州］起兵。

至德元年（756年）正月，安禄山在洛阳自称大燕皇帝，六月攻破潼关。唐玄宗（685—762年）逃出长安。长安陷落。

七月十二日，太子李亨（756—762年在位）在灵武（今宁夏灵武）登基，为肃宗，尊玄宗为太上皇。

玄宗这时候到了汉中郡（今陕西南部），命太子李亨为天下兵马大元帅，派永王李璘（约720—757年）赴江陵（今湖北荆州）。

七月二十八日，玄宗到达成都一带。

九月，永王为山南、江西、岭南、黔中四道节度使及江陵郡大都督，镇守江陵，不禁产生以金陵为根据地、掌握长江沿岸支配权的企图。肃宗识破永王的心思，命令他回到在成都的玄宗身边。永王不从。唐肃宗以高适（约704—765年）为淮南节度使，率兵讨伐永王。

李白和妻子宗氏，从年初开始一路逃亡。当涂—宣城—漂阳—越中（今浙江绍兴）—金陵，颠沛流离。秋天，他听说玄宗去了成都，沿长江西上，到庐山屏风叠隐居。

永王三次下聘书，邀请李白出山。

李白犹豫。他有过"仰天大笑出门去，我辈岂是蓬蒿人"（《南陵别儿童入京》）的自信，有过"安能摧眉折腰事权贵，使我不得开心颜"（《梦游天姥吟留别》）的不妥协，也有过"天子呼来不上船，自称臣是酒中仙"（唐·杜甫《饮中八仙歌》）的放荡不羁。世事艰难，又逢乱世，壮心渐冷。但是，毕竟皇家召唤，决定下山。他意气风发，好像枯木逢春，随永王顺江而下到丹阳（今江苏镇江），作组诗《永王东巡歌》：

［古文原句］

永王正月东出师，天子遥分龙虎旗。

楼船一举风波静，江汉翻为燕鹜池。

（《永王东巡歌·其一》）

［白话文］

永王十一月（李白用周历，实际时间为十一月）出师东巡，天子赐龙虎旗委以重任。战船所到波涛汹涌，战船过后波平浪静。

皇家纠纷，李白毫不知情。他以为是报国，没有料到竟是叛国。等他发现，高适大军已经兵临丹阳。

天宝三年（744 年），李白出长安，一路东行，夏天在洛阳和杜甫（712—770 年）、高适相遇，一见如故，相见甚欢。

大同

渴老

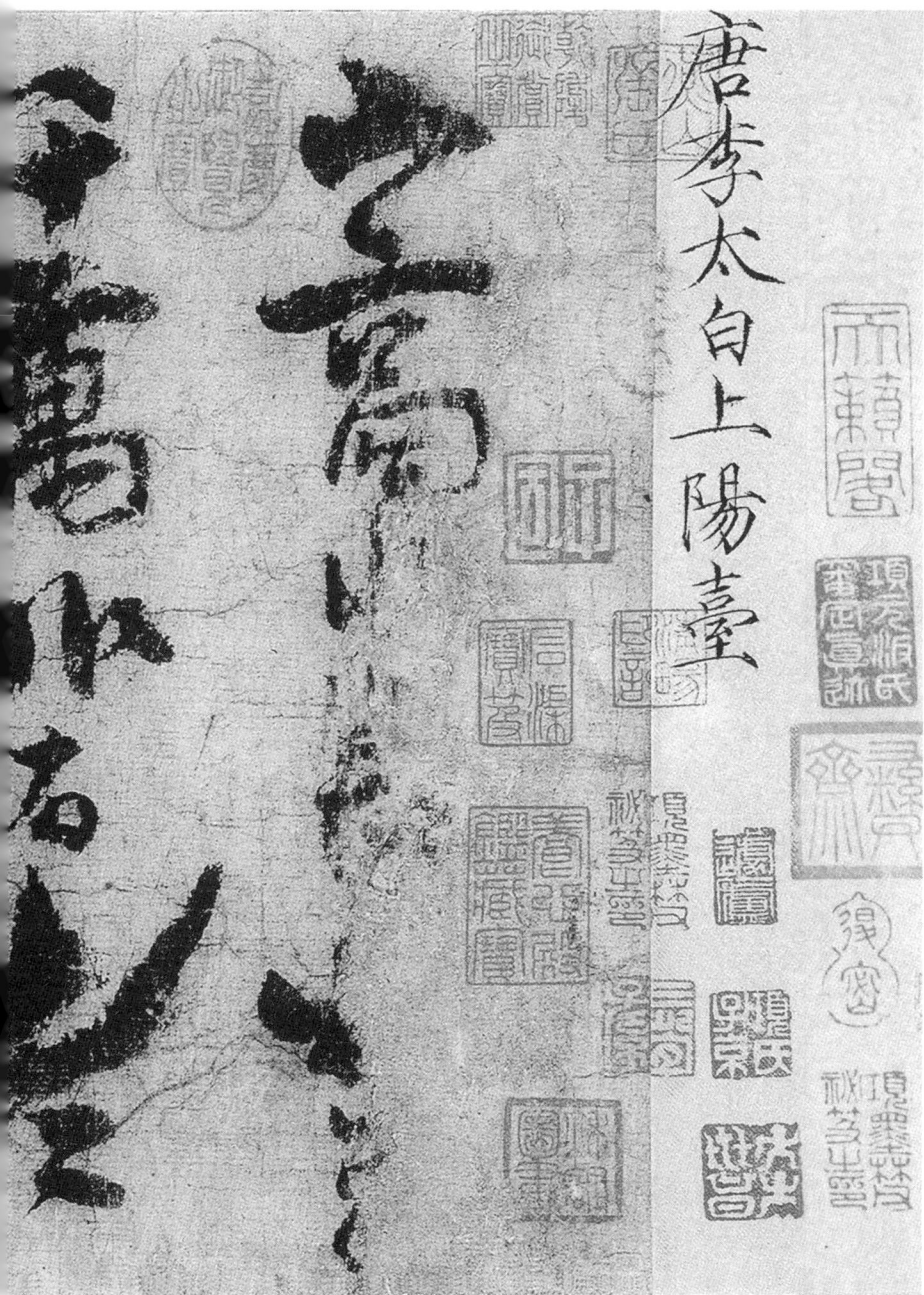

没有想到，再见就是对手。

至德二年（757 年），高适与李璘大战丹阳。李璘兵败身亡。李白仓皇逃窜，后来被捕获，关押在浔阳狱中。妻子宗氏四处奔走求救，李白最终得以释放，并在诗人宋之问（约656—712 年）的侄子、御史中丞宋若思府中任军幕参谋。最终因为随永王东巡，创作了组诗《永王东巡歌》被判罪，长流夜郎国。

乾元元年（758 年），李白从浔阳出发。春末夏初到江夏，秋天到江陵，冬天进入三峡。

"太白先生，醒醒。"王顺尔拍着李白。

李白不醒。

朱佑山捏着李白的肩："太白先生，醒醒。"

李白不醒。

顾大柱和王顺尔、朱佑山笑笑。他们都知道，皇上不会赐死李白。杀掉一个绝世才华的诗人，即使是皇上，也怕担当不起。皇上也不是真心流放李白，否则怎么可能走走停停、吃吃喝喝？但是，李白投奔李璘，还写组诗歌颂，皇上不处罚李白也不行。

李白，判你长流，让你行路难，让你将进酒，让你塞上曲，让你忆秦娥……

"圣旨到——"顾大柱忽然高呼。

"噌！"李白一下子坐起来，睁大眼睛，朦朦胧胧看着面前几个人，慌忙下床，赤脚站在地上。

"还不接旨——"顾大柱威严地说。

李白一哆嗦。他很久没有听到呵斥，膝盖一弯，但是他撑住床沿，顺势坐下去，讪笑着："呵呵——咳咳——哪里来的圣旨？"

"太白先生，皇上大赦天下！"王顺尔兴奋地说。

"……大赦？"李白不信。

"关中大旱，新立太子！"朱佑山说，"皇上大赦天下！"

"哈哈……皇上……咳咳……圣明……"李白突然跳起来，赤脚奔向门外，"快走……咳咳……"

长篙一点，船驶离白帝山下的码头，进入航道，立刻如离弦之箭，顺水东去。

李白回头看了看白帝城。群山巍峨，云蒸霞蔚。白帝山耸立，白帝庙庄严。

"啊——"眼泪冲进李白的眼睛。

开元十三年（725年），一个秋天的半夜。高大俊俏的李白走过跳板，走上甲板。那夜，"峨眉山月半轮秋，影入平羌江水流。夜发清溪向三峡，思君不见下渝州"（《峨眉山月歌》）。他仗剑去国，辞亲远游。

今天，李白再次出川。

"回家——"李白像获得了重生，披头散发，在甲板上如痴如癫，嘶哑的声音在峡谷、江面形成回声。"回家——""回回家——""回家家……"

船到江陵。

江城不眠，渔火点点。白天听到的猿声，好像还在耳边，但是已经千山飞过。

"拿酒——"李白吐了一路，这时候站稳了。

顾大柱单手抱着酒坛子，一手拿着酒碗。一道清流"哗哗"注入碗内。

王顺尔、朱佑山等人也从甲板上爬起来，斟满酒。

"太白先生，请——"顾大柱把酒碗递给李白。

李白接过酒碗，端正。他想起读到的《水经注·江水》："或王命急宣，有时朝发白帝，暮到江陵，其间千二百里，虽乘奔御风，不以疾也。"如果有时皇上的命令要紧急传达，早上从白帝城出发，傍晚就到了江陵，这中间有 1200 多里，即使骑着奔驰的马，驾着风，也不如船行的快。于是作《早发白帝城》：

朝辞白帝彩云间，千里江陵一日还。

两岸猿声啼不住，轻舟已过万重山。

李白把酒洒向大江。

王顺尔和朱佑山等人，跟着把酒洒向大江。

江涛拍船舷，江水东流去。

"九黄饼——"码头一声吆喝，满眼人间烟火。

"千里江陵一日还"，李白"还"到哪里？故乡、长安、洛阳，还是天上？

乾元二年（759年）春，李白还江陵，又还江夏。他多次请人举荐，没有结果。之后，还洞庭（今湖南北部）、零陵（今湖南永州）。

上元元年（760年）春，李白由洞庭还江夏，又秋还浔阳，再还庐山，冬还建昌（今属江西），岁末还豫章。

上元二年（761年），李白还金陵一带。他请缨入大将李光弼（708—764年）军幕，因为饮酒过度导致脓胸穿孔，还当涂。

冬天的满月，也圆，也亮。明月高悬。

"叔父——咳咳……"李白一边咳嗽，一边指着墙边的行囊说，"托付——"

那是李白一生的作品。

"放心。"李白的堂叔、当涂县令李阳冰（生卒年不详）说。

李白的手落下来，垂在床边，像一柄折断的剑。

一纸绝命书《临终歌》，像喝醉了，悠悠地飘到地上。

月华如水。

宝应元年（762年）冬，李白卒。

高 颂

公元 763 年正月

杜甫

·

手指洛阳的方向

天还没有亮，杜甫掀开被子，穿衣下床。
每做一个动作，都好像要耗费所有的气力。

杜　甫

712—770 年，字子美，自号少陵野老。祖
籍襄阳（今湖北襄阳），唐朝巩县（今河南巩
义）人。

天还没有亮，杜甫掀开被子，穿衣下床。每做一个动作，都好像要耗费所有的气力。

去年重阳节，杜甫一家上五层山。

五层山在梓（zǐ）州城北，不高，也不险。杜甫去的时候还有信心，到了山脚望而生怯，第一步就没能够跨上去。手脚并用，气急败坏，"登高"成了"爬山"。"伊昔黄花酒，如今白发翁。追欢筋力异，望远岁时同。"（《九日登梓州城》）想当年饮酒赏菊，如今满头白发。为什么精疲力尽，还要寻找欢乐啊？只因为兴趣和过去相比一点儿不减。

山顶的秋风撩起衣服，杜甫裹紧身子。他的手摸到两肋，骨瘦如柴。才五十一岁，耳鸣、眼花、心悸、腹胀，嘴角常流口水，眼睛见风流泪，腰越来越弯。怎么如此不堪？

一口气登临泰山、作《望岳》的杜甫，哪里去了？

开元二十三年（735 年），杜甫结束四年的吴越游历，回到老家参加乡试，第二年到洛阳应试进士。

杜甫出身名门，祖父是大诗人杜审言（约 645—708 年）。"七龄思即壮，开口咏凤凰。九龄书大字，有作成一囊""气劘（mó）屈贾垒，目短曹刘墙"（《壮游》），他七岁时才思敏捷、出口成章，主题端正，都是赞颂具有凤凰般高贵品质的人。九岁时练习书法，作品积累成囊。他认为自己的才华直逼屈原、贾谊，诗文甚至可以超越曹植、刘桢。

考试成绩公布，名落孙山。

"哈哈……"杜甫大笑几声。他不着急，才二十四岁。"诗是吾家事"（《宗武生日》），诗是杜家祖辈相传的事业。迟早而已。他继续漫游齐赵一带（今山东和河北南部），专程来到泰山。

杜甫面对圣山，先远眺，再近观，又仰望，登上最高峰玉皇顶后再俯瞰。天高地远，《望岳》脱口而出：

> 岱宗夫如何？齐鲁青未了。
>
> 造化钟神秀，阴阳割昏晓。
>
> 荡胸生曾云，决眦入归鸟。
>
> 会当凌绝顶，一览众山小。

杜甫轻轻抽开门闩（shuān），打开门。

"草堂"隐在细微的晨光中。三间草房子朝南，两间黄泥小屋向东，用半人高的土墙围成一个院子。

杨氏带着大儿宗文、二儿宗武和女儿凤儿，睡在东厢房。

梓州的房子是去年暮春时节建好的，也叫"草堂"。

乾元二年（759年）年底，杜甫带领家人，从秦州（今甘肃天水）进入蜀地，来到成都，寄居在浣花溪寺。第二年正月，得到亲戚、朋友资助，在浣花溪边盖草堂。上元二年（761年）八月，草堂被大风掀掉房顶，大雨倾盆。杜甫在风雨中长啸："安得广厦千万间，大庇天下寒士俱欢颜！风雨不动安如山。"（《茅屋为秋风所破歌》）

宝应元年（762年）四月，唐玄宗、唐肃宗父子时隔十三天相继去世。

七月，严武将军应召回京。严武是成都府尹兼御史大夫，担任剑南节度使，也是大诗人，一直关照草堂里的杜甫。两人关系非常亲密。杜甫去送他，一直送到几百里外的奉济驿（今四川绵阳）。"远送从今别，青山复空情"（《奉济驿重送严公四韵》），远送到此挥别，青山满怀离情。

这时候，剑南兵马使徐知道（？—762年）叛乱，杜甫回成都的道路受阻，羁留绵州（今四川绵阳），后入梓州（今四川三台）。他在这里盖了草堂。八月，叛军内讧，徐知道被杀。杜甫赶回成都，把全家接到梓州。

杜甫在内墙的阴影里，甩着胳膊，迈步向前。

地陰藂菊兩

開他日淚孤舟

一繫故園心寒

衣處、催刀尺

白帝城高急

暮砧

玉露凋傷楓
樹林巫山巫峽
氣蕭森江間
波浪兼天湧
塞上風雲接

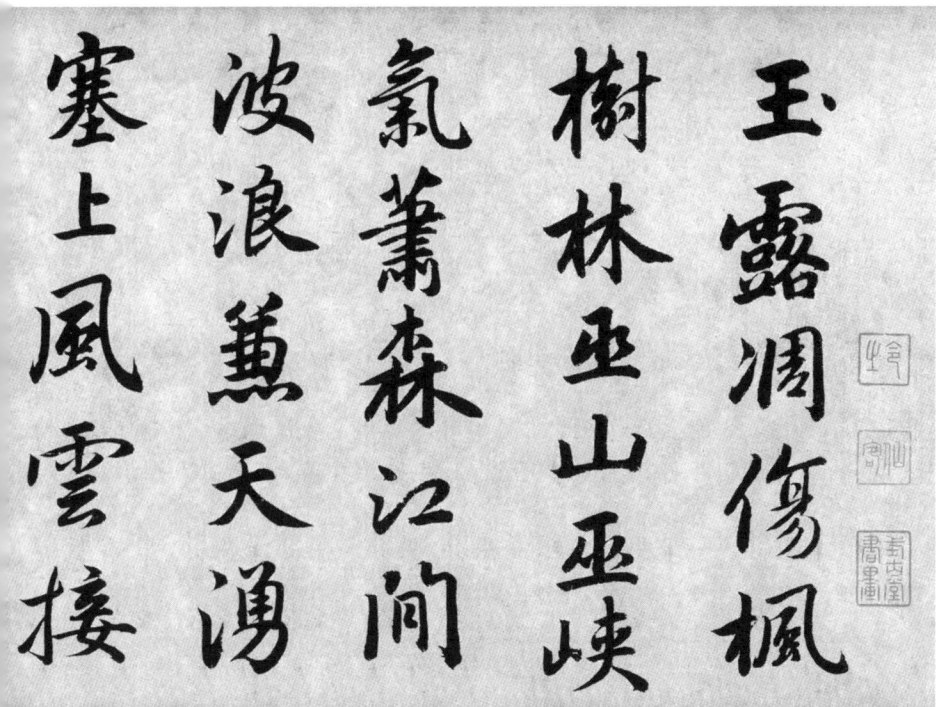

元 赵孟頫 《杜甫秋兴八首》（节选）

247

半个月前，杜甫得到消息，李白去年（762年）十一月病死当涂。

杜甫没有流露出悲伤。李白三个月前就去世了，悲伤还有什么意义？李白病死，他不感到奇怪。李白年轻时候放荡不羁，把身体当钱财挥霍，中年之后诸多不得意，应该大鹏展翅，却狼奔豕（shǐ）突。

杜甫一直惦记李白。他在秦州，作"露从今夜白，月是故乡明"（《月夜忆舍弟》），忆分散的弟弟，其实也是忆亲朋好友。听到李白被流放，"三夜频梦君，情亲见君意"（《梦李白二首》），一连三个晚上梦见李白。他又作《寄李十二白二十韵》，赞颂李白的才华："笔落惊风雨，诗成泣鬼神。"他还为李白辩解，认为李白投靠永王，绝不是叛乱。

杜甫是了解李白的。

天宝三年（744年），李白被"赐金放还"，等于被逐出长安。

夏天，杜甫和李白在洛阳初次见面。李白誉满天下，杜甫初出茅庐，两人一见如故。"醉眠秋共被，携手日同行"（《与李十二白同寻范十隐居》），喝醉了睡一张床，出门了手拉手一起走。

秋天，杜甫和李白、高适结伴，同游梁宋地区（今河南东

高　颂

部，及开封、商丘一带），相见甚欢，忘乎所以。

后来，杜甫与李白相约东鲁（今山东省）。鲁郡（今山东兖州）东石门一别，再也没有见面。李白走的基本上是长江流域，离长安、远长安；杜甫走的是基本上是黄河流域，去长安、在长安。安史之乱爆发，两人天各一方。

杜甫沿着内墙的阴影走动。走几步就头晕目眩，浑身虚汗。他不停步，坚持走。李白的故去，让他明白身体的重要。孩子尚小，杨氏势单力薄，他必须把自己的风烛残年延长。

"父亲。"大儿子杜宗文站在院子中央。

杜甫从阴影里走出来。

开元二十九年（741年），杜甫和杨氏结婚。仕途没有着落，只好耽误生活。天宝九年（750年），他三十九岁，才生大儿子宗文；天宝十三年（753年）生二儿子宗武。

杜甫还有一个小儿子，生于天宝十四年（755年）。

天宝十四年（755年），无论对国家，还是对杜甫，都是不寻常的年份。

杜甫被授予河西尉，到陕西合阳县负责司法捕盗、审理案件、判决文书、征收赋税等杂事。"不作河西尉，凄凉为折腰。"（《官定后戏赠》）他不想去做河西县尉，为奉迎官长过凄凉的生活。朝廷大概也觉得那个安排有点儿过分，让他改任右卫率府兵曹参军，在保卫太子的卫队里看管兵器。杜甫还想拒绝，又怕惹怒了朝廷。他自己四十四了，在长安混了近十年，一事无成。为生计，他接受了这个职务。

如果李林甫不死，杜甫连这样芝麻小官都领不到。

天宝六年（747年），唐玄宗昭告天下，只要精通一艺，就可以到长安应试。

杜甫"读书破万卷，下笔如有神"（《奉赠韦左丞丈二十二韵》）。他去长安，志在必得。

担任主考的是宰相李林甫。他排除异己，对唐玄宗说"野无遗贤"，民间已经没有贤人了，让考生全部落榜，一个不取。杜甫"举进士不中第，困长安"（北宋·欧阳修、宋祁等《新唐书·列传第一百二十六》之《文艺上》），靠朝廷救济的低价米养家糊口。实在过不下去了，他把妻儿送到奉先（今陕西蒲城），孤身一人在长安努力。

天宝九年（750年），杜甫写《朝献太清宫赋》《朝享太庙赋》《有事于南郊赋》，干谒唐玄宗。唐玄宗很欣赏这《三大礼赋》，让杜甫在集贤院等分配。

李林甫掌管集贤院，把杜甫压下了。如果起用杜甫，不是说明他"野无遗贤"是错了吗？

高 颂

天宝十二年（753 年），李林甫去世，杜甫才有了机会。

杜甫领了芝麻绿豆官，回奉先探亲。"朱门酒肉臭，路有冻死骨""入门闻号啕，幼子饿已卒"（《自京赴奉先县咏怀五百字》）。一路上，他看到豪门贵族家里酒肉吃不完而腐臭，穷人却因冻饿死在街头路边；临近家门，听到杨氏的哭声，原来小儿子饿死了。

"母亲给的。"宗文递给杜甫一顶棉帽子。

杨氏是大家闺秀，嫁给杜甫之后，颠沛流离、饱经风霜，但是毫无怨言。她看出李白去世后杜甫的变化，等孩子睡着了，给他做了一顶棉帽子。

杜甫接过帽子，摘下旧的，戴上新的。大小正好，脑袋一下子就热了。他又摘下来，扣在宗文的脑袋上。

"嘿嘿……"宗文笑着。帽子太大，把他的眼睛都遮住了。

杜甫把宗文搂在怀里。宗文十四岁，身体正在抽条，瘦得像一根竹竿。

小儿子死的时候才半岁，名字都没有来得及起。杜甫刚埋了小儿子，安禄山起兵叛乱。

至德元年（756 年）年初，杜甫赶到长安。唐玄宗留下满朝文武，丢下长安，仅仅带几个随从跑了。杜甫听说太子李亨在灵武（今宁夏灵武）登基，把妻儿留在羌村（今陕西富县北），追随唐肃宗。半路上，他和王维一起被叛军俘虏，押回长安。

昔日繁华的长安，如今满目疮痍。杜甫痛心不已，作《春望》：

> 国破山河在，城春草木深。
> 感时花溅泪，恨别鸟惊心。
> 烽火连三月，家书抵万金。
> 白头搔更短，浑欲不胜簪。

杜甫趁看管不严，逃出长安，在凤翔（今陕西宝鸡）见到唐肃宗。唐肃宗任命他为左拾遗。

左拾遗官职不大，但是在皇帝身边工作，位置重要。杜甫特别高兴。他是有远大志向的，"自谓颇挺出，立登要路津。致君尧舜上，再使风俗淳"（《奉赠韦左丞丈二十二韵》），我自以为是一个有特殊才能的人，一定能很快身居要职。我要让君王的成就超过尧舜，要使社会风尚变得朴淳。

乾元二年（759 年），杜甫在对宰相房琯（guǎn）（696—763 年）的问题上，和唐肃宗意见不一，最终被贬到华州（今陕西华州）任华州司功参军。乾元二年（759 年）七月，他弃官，穿过安史之乱最严重的地区，作《新安吏》《石壕吏》《潼关吏》"三吏"、《新婚别》《垂老别》《无家别》"三别"，史诗般记录山河破碎、生灵涂炭。

天亮了一些。

两只黄鹂在树叶间鸣啼，一行白鹭飞越头顶。

"笃笃！"

宗文打开院子的门，县尉张旺扑了进来，急切地说："官军收了河南河北！"

"……你再说一遍。"杜甫不敢相信自己的耳朵。

"官军，"张旺喘着气说，"年前、收了、河南河北！"

"哈哈……"杜甫大笑起来。他熟悉河南河北，知道朝廷收复河南河北意味着什么。

叛乱就要结束了！

杨氏和宗武、凤儿听到了，都跑出门。

"快！"杜甫对杨氏说，"收拾！马上回家！"

杨氏和孩子们欢笑着跑进屋子。

杜甫和张旺走出草堂。张旺从怀里掏出一个酒葫芦，递给杜甫。杜甫举起来，底朝天，让一股带着酒香的清流注入嘴巴。

剑外忽传收蓟北，初闻涕泪满衣裳。

却看妻子愁何在，漫卷诗书喜欲狂。

白日放歌须纵酒，青春作伴好还乡。

即从巴峡穿巫峡，便下襄阳向洛阳。

（《闻官年收河南河北》）

"哈哈……官军收河南河北，"杜甫笑着说，"我《闻官军收河南河北》。"眼泪、鼻涕和口水，控制不住，流了下来。他擦着脸说："大幸！万幸！"

广德二年（764年）年初，严武再次入蜀，任成都尹、剑南东西川节度使，杜甫因此再回成都。严武劝他走仕途，既解决生计，又可以施展才能报国，并且让他任节度使参谋，在朝廷挂一个"检校工部员外郎"的虚职。但是，杜甫心灰意冷，无意为官，辞职不干。

永泰元年（765年），严武突患疾病，死于成都。杜甫的日子更加困顿、窘迫，只得离开成都。一路辗转，最终买了一条船，既是栖息之地，也是交通工具。

大历二年（767 年）秋天，杜甫到夔（kuí）州（今重庆奉节），作《登高》："无边落木萧萧下，不尽长江滚滚来。"

大历三年（768 年），杜甫进入岳阳，作《登岳阳楼》："亲朋无一字，老病有孤舟。"

大历四年（769 年），杜甫到潭州（今湖南长沙）。

大历五年（770 年），暮春时节，杜甫在长沙遇到在长安结识的著名音乐家李龟年，写下"落花时节又逢君"（《江南逢李龟年》）。

狂风呼啸，大雪纷飞。

一条船，从潭州往岳阳。天气恶劣，应该停船，但是不能停，杜甫感觉不对，要早点上岸就医。

"父亲！"宗武用力喊着杜甫。

"父亲！"宗文摇晃着杜甫。

杜甫听不见。他的耳朵聋了。即使听得见，他也回答不了，气息奄奄。

忽然，杜甫"呼！"坐起来，手指洛阳方向。然后，"噗！"倒下去。

船剧烈地晃了起来。

大历五年（770 年）冬，杜甫卒。

公元 816 年十月

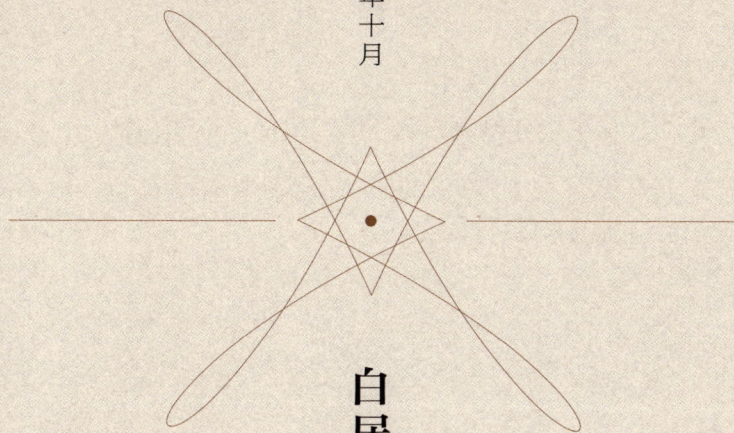

白居易

同是天涯沦落人

---· ---

马车来到溢浦口码头。马夫放下马凳，掀开车帘，把手伸向门边。白居易搭着马夫的手，踏着马凳，站到地上。

白居易

772—846 年，字乐天，号香山居士，又号醉吟先生。祖籍太原（今山西太原），曾祖父时迁居下邽（guī）（今陕西渭南），唐朝时生于新郑（今河南新郑）。

"吁——"

马车来到湓（pén）浦口（今江西九江）码头。马夫放下马凳，掀开车帘，把手伸向门边。

白居易搭着马夫的手，踏着马凳，站到地上。

武申成跟在白居易后面下车。

湓水是一条河，从南流向北。水势大，水流急。两边的岸上、水中，站着成群结队的芦苇。深秋了，苇叶还没有全部枯黄，芦花也还没有发白。但是每一根芦苇都感觉老瘦了，在带着寒意的风中瑟瑟发抖。

湓水流到这里，形成一个半月形的河湾。流水被河湾蓄着，从北部泻出，气势不减，继续向北，最后注入长江。

一条官道从浔阳城西门伸出来。路并不直，顺势而行，绕过竹林，穿过农田，贴着枫林，来到河边。河边铺着条石，一级级向下，形成台阶，沉进水里。台阶两侧竖着几个半人高的石柱，石柱上凿有拴船缆的孔洞。

这是湓浦口码头。

一轮明月，照湓浦口码头，照湓水。

码头外停着几条大船和小船。微弱的天光和渔火，勾勒出船的轮廓。

白居易和武申成沿石阶向下。

一条跳板，一头搁在石阶，一头搁在甲板。

白居易和武申成已经在浔阳酒肆，喝了一个下午。两人脚步踉跄，胆子却大，抢着上跳板。两人晃着手臂，找着平衡，在快要掉进水里的一刹那，紧走几步，跌进船舱，摔在一起。

"哈哈……"白居易和武申成笑着，躺在船舱，互相看着对方的狼狈，爬不起来。

"两位客官，请——"船娘说。

船舱中间端放着一张小方桌，白居易和武申成面对面坐下来。

天还不算冷，船舱两侧的窗子都开着。月亮沉浸在水中。溢水波光粼粼，像一阵寒风滚过，身上起的鸡皮疙瘩。

"湖山处处好，最爱溢水头。"（《泛溢水》）武申成看着舱外说。

白居易笑着拱拱手。武申成说的，是他在《泛溢水》中的诗句。

"湖山未必处处好，"武申成自言自语，"最爱往往是无奈啊！"

"……"白居易无声地笑笑。

元和十年（815 年）夏，白居易被贬为江州司马。秋天，白居易离开长安，出蓝田（今陕西西安蓝田），经襄阳（今湖北省北部），过鄂（è）州（今湖北省东部），初冬到江州（今江西九江）。

江州的冬天异常寒冷。白居易的住处靠近溢水，低洼、潮湿，芦苇竹子丛生。白天乌鸦乱叫，早晚猿猴哀鸣。白居易心烦，信马由缰，出浔阳城西门。城外，天地空旷，只此一人一马。溢水清冽，河湾浩渺，芦花似雪。瞬间，他好像来到世外桃源，忘记了贬谪，作《泛溢水》。

那天晚上，白居易病了。

一病就是大半年。

武申成听说了，专程来看望白居易。

元和十年（815 年）六月三日，天没有亮，宰相武元衡（758—815 年）像往常一样起身下床。他在侍卫队的簇拥下，跨上白马，从在长安城东南的靖安坊府邸出发，出东门，往北走，去大明宫上早朝。刚出东门，十几个刺客从路两边的树林里扑过来。他们把侍卫和武元衡隔开，不一会儿就消失在路两边。白马驮着武元衡向皇宫疯跑。侍卫追上马，发现挂在马上的武元衡没有头颅。

深心波上舟中鑄五月五日丙午時疆

粉金膏磨瑩已化作一片秋潭水鏡

成將獻蓬萊宮揚州長吏年自封鈿

連珠函鑷幾重人間良妾不敢照背

有九五飛天龍人呼爲天子鏡我有

一言聞太宗常以人爲鏡鑒古鑒

今不鑒容四海安庇照掌内百王理乱

心中乃知天子別有鏡不是揚州百練銅

青石 （敫忠列也）

青石出自藍田山兼車連載來長安

工人磨琰欲何用石不能言我代言不

262

蟭蟭兮宮樹 紅翠華

有衣兮瓦有裕吾君在位已五載何不

一章乎其中西吉都門幾多地吾君

不遊有深意一人出兮不容易六宮

從百司備八十一車千萬騎朝有宴

淡暮有賜中人之產穀百家來乞苑

君一日費吾君於已人不

不自穡吾君愛人之不識

襲力驪宮高兮高入雲君之來兮為

一身君之不來兮為万人

百練鏡 （辭皇鑒已）

唐 白居易 《古抄残卷<白氏文集>第三卷》

与此同时，武元衡的得力助手、御史中丞裴度（765—839年），在通化里的府邸门口被刺客连刺三剑。其中一剑刺中头部，他跌进路边的水沟。

武元衡是武则天曾侄孙，两度拜相。安史之乱后"藩镇割据"，他力主唐宪宗不妥协，坚决平叛。当朝宰相在上朝的大街上成了无头的尸体，自古以来第一例，震惊朝野。朝廷很快查明，准备谋反的藩镇军阀、成德节度使王承宗（？—820年）、淄（zī）青节度使李师道（？—819年）招募刺客，刺杀武元衡等重臣，以解叛乱的藩镇首领、淮西节度使吴元济（783—817年）之围。

"请迅速缉拿凶手，以洗刷朝廷的奇耻大辱！"太子左赞善大夫白居易上疏，"削藩是兴国之策，不可废止。"

"宫官上疏，是越职，当贬！"宫官是太子属下的官，不该干涉朝政，宰相张弘靖（760—824年）启奏皇上。

"宫官在谏官之前上疏，是越级，当贬！" 谏官还没说什么，宫官就进呈奏章，尚书右丞韦贯之（760—821年）启奏皇上。

"皇上圣明！当贬！"不少文武大臣附议。

"去江州，任司马。"唐宪宗对白居易说。

白居易上疏，以国家社稷为重，毫无私心杂念，即使有瑕疵，也不至于遭到众文武抨击，并且被贬。原因很简单，白居易经常谏言、写讽喻诗。他的《观刈（yì）麦》《卖炭翁》，说尽百姓悲苦，让宦官当政的朝廷和强取豪夺的官府丢尽了脸。他的长诗《长恨歌》，又让唐宪宗心惊肉跳。他甚至当面指出唐宪宗的过错。

唐宪宗非常恼怒，被讽喻的官员心生仇恨。

"进谏事，不宜急。"武元衡曾经让侄子武申成劝白居易。

"禀性难移。"白居易说。

唐衢是白居易的好朋友、知己，经常为大唐的衰落痛哭。白居易赠诗给他说："但伤民病痛，不识时忌讳。"（《伤唐衢二首·其二》）只要能真实地反映百姓的痛苦，就没有顾忌和担心。

［古文原句］

惟歌生民病，愿得天子知。（《寄唐生》）

［白话文］

只希望通过诗，让圣上能够知道百姓的苦痛。

"陛下！"中书舍人王涯（764—835 年）启奏，"白乐天的母亲赏花不慎，坠井身亡，他却作《赏花》《新井》二诗，有伤孝道。"

"哦？卿意如何？"唐宪宗问王涯。

"德不配位，不能治郡，"王涯说，"当为司马。"

"去江州，做司马。"唐宪宗对白居易说。

眨眼工夫，白居易从主官变为闲职。

唐宪宗知道白居易的进谏是正确的。武元衡被害仅仅过了三天，唐宪宗就下诏委任裴度为宰相。但是对白居易，唐宪宗要借众怒，挫败他的锐气。

皇上不怕得罪忠臣。

船娘拿出食盒，把几碟下酒菜放在桌上，温了一壶酒，放两个酒杯。

［古文原句］

主人下马客在船，举酒欲饮无管弦。

醉不成欢惨将别，别时茫茫江浸月。

（《琵琶行》）

［白话文］

我和客人下马在船上设宴送行，举起酒杯却没有助兴的音乐。酒喝得不痛快，更伤心将要分别，临别时，夜茫茫，江水

高　颂

倒映明月。

酒下得很快。白居易一手抵着额头，武申成一手撑着下巴。越喝，情绪越低，指望下一杯能够昂扬起来。再喝一杯，情绪更低，好像沉到水里去了。举杯和举杯之间，话越来越少，气越喘越粗。

"二位客官，时候不早了。"船家说。

"好——"武申成伏在桌上说，"就此别过！"

"保——重！"白居易在船家的搀扶下，晃着站起来，走到甲板上。

"叮叮当……"

白居易好像听到什么声音。他以为是错觉。踩在跳板上，好像踩在梦里。他走在车夫前面，车夫从后面扶着他的腰，帮助他平衡。

"叮叮当……"

白居易停在跳板上，酒立刻醒了。这次听清楚了，是琵琶的声音，铮铮铿铿，有京都流行的声韵。

"弹者何人？"白居易站在跳板上，耳朵和眼睛寻找琵琶声。

"弹者何人？"武申成跑到甲板上问。

"弹者何人？"黑暗中也有人问。

琵琶声找不到了。

"能否一见？"白居易回到甲板上。

"能否一见？"武申成问。

"能否一见？"几条船划出来，围成一个圆。

"掌灯！"白居易说。

每一条船的甲板，都亮起了灯。

白居易和武申成在甲板上端坐，杯中斟满，好像到了长安的梨园，等着享誉京城的穆、曹两位琵琶大师出场。

画舫从黑暗中划出来。

甲板上坐着一个女子，怀抱琵琶，半遮颜面。她调整琴轴，拨动琴弦试音，用华美珍贵的钿（diàn）头银篦（bì）敲击节拍。虽然是随意弹奏，却非常有感情。弦弦凄楚，声声悲切，无数的往事都在一弹一拨之间。轻轻地拢，慢慢地捻，一会儿抹，一会儿挑。先弹《霓裳羽衣曲》，再弹《六幺》。

高 颂

大弦急迫，如暴风骤雨；小弦细幽，如窃窃私语。嘈嘈声、切切声互相交错，就像大大小小的珍珠掉落玉盘。琵琶声，一会儿像鸟在花下婉转鸣啼，一会儿又像水在冰下流动受阻，艰涩低沉。琴声渐弱，直至停歇，但不是一曲终了，愁思、幽恨在暗暗滋生。此时无声，却比有声更揪心动人。突然，琵琶声突起，好像银瓶撞破、水花四溅，又好像铁骑杀出、刀枪齐鸣。

"咣！"正到激越的高潮，琵琶女对准琴弦中心猛地一划拨。四弦轰鸣，好像一匹绢帛撕裂。

［古文原句］
东船西舫悄无言，唯见江心秋月白。（《琵琶行》）
［白话文］
东边的船、西边的舫寂静无声，只见江心映着一轮月影。

白居易大汗淋漓、心跳如鼓。他随着琵琶声飞越、沉沦，振奋、沮丧，慷慨、凄婉，仿佛一生都凝缩在这波澜起伏的琵琶声里。

"妙哉！姑娘，你莫非是——"白居易说。他觉得见过这位琵琶女，身影、指法都很熟悉，尤其是用钿头银篦敲击节拍，是京城一绝。

"我从长安来。"琵琶女欠了欠身子说。

"你家住在城东南？"武申成问。

"城东南的虾蟆陵（即下马陵，在唐朝长安时是一个繁华热闹的地方）。"琵琶女说。

"哦——果不其然。"白居易说。

这位琵琶女十三岁学成，技艺让大师叹服，扮相被同行嫉妒。多少达官贵人、富家子弟追捧，每一次演出都收到无数的赏钱。演出一场接一场，敲击节拍的钿头银篦碎了一个又一个，红色的罗裙被酒渍染污了一条又一条。年复一年，秋去春来，多么美好的岁月啊！

"后来——"武申成问。

"后来，兄弟从军，姊妹故去，我也老了。"琵琶女凄然笑着，"我嫁人了。"

"哦——夫君是——"白居易好奇地问。

"莫非您是——乐天先生？"琵琶女问。

"正是。"武申成帮白居易回答。

"做茶叶生意的，经常外出，我守着空船，等他回来。"琵琶女不好意思地说，"刚才做梦，想起从前，哭醒了。"

"啊呀——啊呀——啊呀——"白居易摇头，连声叹息。

高　颂

［古文原句］

同是天涯沦落人，相逢何必曾相识！（《琵琶行》）

［白话文］

都是天涯沦落的可怜人啊，今日相逢何必问是否曾经相识！

白居易来浔阳快一年了，从来没有听到管弦的声音。那些山歌和村笛本来是动听的，但他一想到贬谪在外，这些声音立刻变得难听，只能对着江水和春花秋月喝闷酒。今晚听到琵琶声，他恍惚回到京城，而琵琶女的遭遇，又让他同病相怜。

"如闻仙乐啊！"白居易对武申成说。

"哈哈，乐天兄，你眼睛都亮了，一扫阴霾啊！"武申成说。

"请不要推辞，你坐下来再弹一曲吧，"白居易用乞求的语气对琵琶女说，"我要为你创作一首新诗《琵琶行》。"

琵琶女站在甲板上，凝望白居易，然后转身坐下，把弦拧紧，拨片在琴弦上急切地划动。悲凉的声音一波一波荡开，一弦一哀声，不再像刚才那么激越。

命若琴弦。

众人止不住流下眼泪。

"呜呜呜……"江州司马白居易，泪湿青衫。

寒风吹皱水面，月影迷离。

细浪拍打着船，拍打着岸，涛声如同一群人在说着梦话。

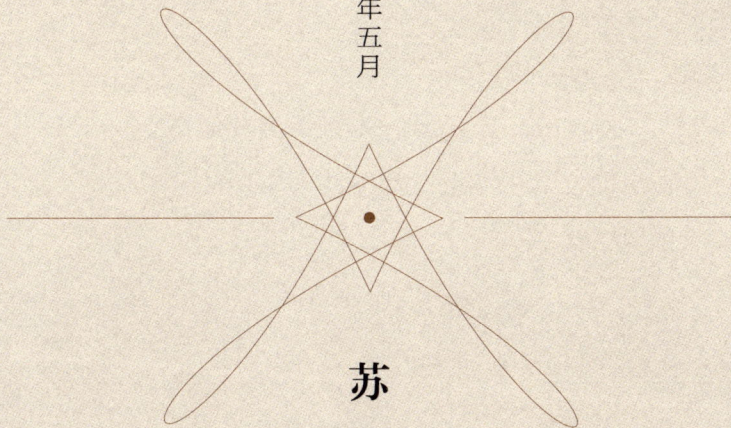

公元 1101 年五月

苏轼

·

在沧浪之水上浮沉

苏轼看到自己像一张纸，坐在道符上，在沧浪之水上浮沉。他的头天旋地转，手虚空地抓着。

苏　轼

1037—1101 年，字子瞻，又字和仲，号铁冠道人、东坡居士，世称苏东坡、苏仙。祖籍河北栾城，北宋眉州眉山（今四川眉山）人。

苏轼看到自己像一张纸，坐在道符上，在沧浪之水上浮沉。他的头天旋地转，手虚空地抓着。

"子瞻兄！"表弟程之元伸手去扶苏轼。

苏过已经抱住父亲。

"……"苏轼迷迷糊糊地看着道符上的自己，"没事、没事。"

"世叔，没事就好。"钱世雄说。他是苏轼的挚友钱公辅（1023—1074年）的儿子，一直把苏轼尊为师长。

热浪滚滚，蝉声四起。

苏轼从恍惚中渐渐清醒，知道这是在润州（今江苏镇江）金山寺。他从对岸的仪真（江苏仪征的曾用名）渡江而来，约了程之元和钱世雄在金山寺见面。

苏轼这一程，去年从儋（dān）州（今海南儋州）开始。

元符三年（1100年）正月，宋哲宗驾崩。同月，宋徽宗登基，大赦天下。

五月，苏轼接大赦令，动身离开极度凄苦的儋州，去条件稍好一点儿的廉州（今广西合浦）。四月，皇长子出生，大赦天下。八月，苏轼接大赦令，去条件好一点儿的永州。十一月，苏轼再接诏令，可以随处居住。

"父亲，我们自由了！"苏过喜极而泣。

苏轼老泪纵横。

绍（shào）圣四年（1097 年）四月十七日，苏轼在惠州（今广东惠州）接诏令，被贬更为遥远的海南岛儋州。

海南岛四面大海，与世隔绝。儋州在海南岛西北部，居民大多是黎族土著。这里太阳酷热，海风寒冷，瘟疫流行，是蛮荒之地。被贬儋州，等于被判死刑，是仅次于满门抄斩的严惩。

苏轼六十二岁了，体弱多病。此行凶多吉少，难得生还。他把家托付给长子苏迈，安排好后事。"首当作棺，次便作墓"，"死则葬于海外"，"生不挈家，死不扶柩"（《与王敏仲八首·其一》）。到了海南岛，先打一具棺材，再修一个坟墓，死了就葬身海外。活着的时候不带家人，死了不让家人扶灵柩回乡。

四月十九日，苏轼和家人、亲友揖别。幼子苏过陪同他，乘船去儋州。

上了海南岛，苏轼写信告诉在惠州结识的朋友程儒："食无肉，病无药，居无室，出无友，冬无炭，夏无寒泉。"（《与程秀才》）并说，他刚上岛，才发现这么多"无"，大概什么都没有。

儋州艰难困苦的程度，远比苏轼想象得严重。

高 颂

苏轼在广州病倒了，病好后遇大赦，于是经英州（今广东英德），赴韶州（今广东韶关），过虔州 [今江西赣（gàn）州]，路豫章（今江西南昌），抵金陵（今江苏南京）。

建中靖国元年（1101 年）五月，苏轼到仪真。

这一程，历时一年，跋山涉水，不远万里，九死一生。

"鲁直兄长说，此画最像世叔。"钱世雄指着墙上的《扶杖醉坐图》说。

苏轼看着墙上。

画上的苏轼，按着藤杖坐在盘石上。苏轼的学生黄庭坚（1045—1105 年，字鲁直）在《跋东坡书帖后》中说，很像苏轼醉酒时的神态。

《扶杖醉坐图》是李公麟十年前在金山寺画的。李公麟（1049—1106 年，字伯时），是著名画家，和王安石、苏轼的关系都很好。

"大丞相——"苏轼想起了王安石。

五月一日，苏轼抵金陵。

这是苏轼第三次到金陵。

苏轼第一次到金陵，是元丰七年（1084 年），四十八岁。

元丰七年（1084 年），宋神宗亲自写信给苏轼，认为他人才难得，把他从黄州（今湖北黄冈）调到汝州（今河南汝州）。汝州距离京城很近，这是启用苏轼的前奏。

八月，苏轼北上，途中绕道金陵，拜望王安石。

王安石（1021—1086 年）听说苏轼来了，光着脚，骑着毛驴，急急忙忙赶到江边。

"大丞相——"苏轼不等船停稳，跳上岸狂奔。

"子瞻兄！"王安石也紧走，伸出手。

十年不见。

"轼今日敢以野服见大丞相！"［南宋·朱弁（biàn）《曲洧旧闻》卷五］

"礼岂为我辈设也？"（《世说新语·任诞》）

两个人紧紧握手，紧紧拥抱。

"老夫退隐金陵，不问世事，但对子瞻兄极为关注。"王安石捋着白胡子说，"每遇黄州来人，老夫都要问，子瞻近日可有妙语！"

"轼常念大丞相！"苏轼恭敬地说。他吟诵王安石新近创作的《桂枝香·金陵怀古》：

登临送目，正故国晚秋，天气初肃。千里澄江似练，翠峰如簇。征帆去棹残阳里，背西风，酒旗斜矗。彩舟云淡，星河鹭起，画图难足。

"老夫潦草，不足道也。"王安石止住苏轼的吟诵，"子瞻兄诗、文、书，光如日月！欧阳公嘉祐二年所言，果然不虚！"

嘉祐二年（1057年），欧阳修（1007—1072年）主持进士考试，策论《刑赏忠厚之至论》。苏洵带着二十一岁的苏轼、十九岁的苏辙应试。苏洵名落孙山，苏轼、苏辙以及曾巩、张载等人榜上有名。欧阳修对副手梅尧臣（1002—1060年）夸赞苏轼："吾当避此人，出一头地。"（《宋史·列传第九十七》之《苏轼传》）王安石要急流勇退，推举苏轼，让苏轼出人头地。

"那是恩师谬赞！"苏轼笑着说。

"谬赞？"王安石说，"子瞻兄你听，哪一句是谬赞！"

　　大江东去，浪淘尽，千古风流人物。（《念奴娇·赤壁怀古》）

　　竹杖芒鞋轻胜马，谁怕？一蓑烟雨任平生。（《定风波·莫听穿林打叶声》）

　　不识庐山真面目，只缘身在此山中。（《题西林壁》）

　　纵一苇之所如，凌万顷之茫然。浩浩乎如冯虚御风，

而不知其所止；飘飘乎如遗世独立，羽化而登仙。（《赤壁赋》）

一点浩然气，千里快哉风！（《水调歌头·黄州快哉亭赠张偓（wò）佺（quán）》）

王安石如数家珍。他对苏轼说："倘有来世，老夫当为承天寺'亦未寝'的张怀民。"（《记承天寺夜游》）

"哎呦！折煞轼也！"苏轼一躬到地。

江风如箭，乱云如旗，惊涛拍岸，卷起千堆雪。

王安石和苏轼巍然屹立。

熙宁二年（1069年），王安石坚决变法，苏东坡坚决反对王安石变法。两个人是"死对头"，朝野皆知。但是，两个人没有私仇，都是为了江山社稷，只是主张、政见不同。

元丰二年（1079年），苏轼任湖州刺史。八月，苏轼遭人诬陷，因为"乌台诗案"入狱，面临极刑，很多人包括皇太后都参与营救。赋闲在金陵的王安石上书："安有圣世而杀才士乎？"十二月，苏轼出狱，被贬黄州。

"欧——啊——欧啊——欧啊——"毛驴的叫声，提醒了王安石。他看到苏轼一家二十多口人，挤在一条小船上，表情悲戚。一问才知道，十天前，苏轼不满周岁的第四子苏遁，在船上夭折。

"唉——"王安石叹着气。他知道,苏轼为第四子写过《洗儿诗》:"人皆养子望聪明,我被聪明误一生。惟愿孩儿愚且鲁,无灾无难到公卿。"他能够想象得出苏轼这些年的艰难。他又何尝不是?变法受阻、亲信背叛、丧子之痛,退隐金陵半山园,已经八年。他六十三岁了!

苏轼和王安石结伴金陵在一个多月,难舍难分。

王安石长叹:"不知更几百年,方有如此人物。"

苏轼惋惜:"从公已觉十年迟。"(《次荆公韵四绝》)

终有一别。

一别不到两年,王安石病逝。

元祐八年(1093年)八月,苏轼第二任妻子王润之(1048—1093年)病逝,留下遗言,希望将来有一天,在金陵清凉寺供奉阿弥陀佛像。

"这一天",半年之后就到了。

绍圣元年(1094年)四月,苏轼再遭人诬陷,一个月之内被贬的地方发生了三次变化,最后被贬到遥远的惠州。

惠州在大庾岭以南。岭外蛮荒,潮湿闷热,瘴疠四起,条件恶劣。

五十八岁的苏轼从定州出发,六月到金陵。

況吾與子漁樵于江之上侶魚蝦而友麋
鹿駕一葉之扁舟舉匏尊以相屬寄蜉蝣
于天地眇滄海之一粟哀吾生之須臾羨
長江之無窮挾飛仙以遨遊抱明月而長
終知不可乎驟得託遺響于悲風蘇子曰
客亦知夫水與月乎逝者如斯而未嘗往
也盈虛者如彼而卒莫消長也蓋將自其
變者而觀之則天地曾不能以一瞬自其
不變者而觀之則物與我皆無盡也而又
何羨乎且夫天地之間物各有主苟非吾
之所有雖一毫而莫取惟江上之清風與
山間之明月耳得之而為聲目遇之而成
色取之無禁用之不竭是造物者之無盡
藏也而吾與子之所共食客喜而笑洗琖
更酌肴核既盡杯盤狼籍相與枕藉乎舟
中不知東方之既白渚

右蘇長公前賦嘉靖戊申蠟月五日為
近蓮先生書隆池山樵墊年

赤壁賦
壬戌之秋七月既望蘇子與客汎舟遊于
赤壁之下清風徐來水波不興舉酒屬客
誦明月之詩歌窈窕之章少焉月出於東
山之上徘徊于斗牛之間白露橫江水光
接天縱一葦之所如凌萬頃之茫然浩浩
乎如馮虛御風而不知其所止飄飄乎如
遺世獨立羽化而登僊於是飲酒樂甚扣
舷而歌之歌曰桂棹兮蘭槳擊空明兮泝
流光渺渺兮予懷望美人兮天一方客有
吹洞簫者倚歌而和之其聲鳴鳴然如怨
如慕如泣如訴餘音嫋嫋不絕如縷舞幽
壑之潛蛟泣孤舟之嫠婦蘇子愀然正襟
危坐而問客曰何為其然也客曰月明星
稀烏鵲南飛此非曹孟德之詩乎西望夏
口東望武昌山川相繆鬱乎蒼蒼此非孟
德之困于周郎者乎方其破荊州下江陵
順流而東也舳艫千里旌旗蔽空釃酒臨

明 仇英 《赤壁图》（节选）

这是苏轼第二次到金陵。他带着苏迈、苏迨（dài）、苏过三个儿子到清凉寺供奉，并在崇因禅院许愿："轼如能从岭南安然回来，一定来还愿。"

归来已是建中靖国元年（1101年）。

五月一日，苏轼到金陵。

苏轼还愿，别金陵，到仪真。听说程之元在宜兴找到可以租住的房屋，他让苏迈、苏迨去打前站，准备那里安家。他和苏过到润州金山寺，和程之元、钱世雄会晤。

"世叔，消暑良汤。"钱世雄把一碗冰糖绿豆百合汤，放在苏轼面前。

苏轼点点头，没有一点儿胃口。硬着头皮端起来，一股凉水从胃里涌出："呃！"他急忙闭嘴，水从嘴角溢出。他不得不张开嘴："哇——"

程之元和钱世雄紧张地看着苏过。

苏过轻轻地拍着父亲的背。他明白，父亲在儋州吃烤老鼠、烧蝙蝠，还有那些中原人吃不惯的海鲜，胃坏了。

"蒌蒿满地芦芽短，正是河豚欲上时"（《惠崇春江晚景》）呢？

　　　　　　　　　　　　　　　　　　高　颂

"纤手搓成玉数寻，碧油煎出嫩黄深"（《寒具诗》）呢？

即使在贫困的黄州，"长江绕郭知鱼美，好竹连山觉笋香"（《初到黄州》）呢？

即使在偏远的惠州，"日啖荔枝三百颗，不辞长作岭南人"（《惠州一绝》）呢？

即使在荒凉的儋州，"土人顿顿食薯芋，荐以薰鼠烧蝙蝠"（《闻子由瘦》）呢？

苏轼长期在瘟疫、瘴疠之地生活，缺医少药，略懂医术，为自保，也为救人。他知道自己不好了。苏过、程之元、钱世雄大汗淋漓，他却手脚冰凉，肚子里翻江倒海。他定定神，沉着地对苏过说："如果我死了，把我葬在嵩山下面，请子由叔叔为我写墓志铭。"

子由！

绍圣元年（1094 年），苏轼被贬儋州，苏辙被贬雷州（今广东湛江）。两人五月在梧州（今广西梧州）相遇，一同到雷州。苏辙送苏轼渡海去儋州。

兄弟情深似海，但是隔海而望。

元符三年（1100 年），苏轼接大赦令，经雷州去廉州。苏辙也接大赦令，从雷州去永州。

错过！

苏过想安慰父亲，又觉得大可不必。父亲穿越厄运险途，能活下来，已是奇迹，眼下确实虚弱到极致。

苏轼安静下来。

烈日当头，苏过想的却是一轮明月。他轻声说："丙辰中秋，欢饮达旦，大醉，作此篇，兼怀子由——"丙辰年的中秋节，高兴地喝酒直到第二天早晨，喝到大醉，写了首词，同时思念弟弟子由。然后，吟《水调歌头》：

> ……转朱阁，低绮户，照无眠。不应有恨，何事长向别时圆？人有悲欢离合，月有阴晴圆缺，此事古难全。但愿人长久，千里共婵娟。

几个香客听到歌咏，悄悄围上来。歌咏不合时令，却情真意切。他们吃了一惊，临江而立的老者好像面熟。

"是——苏东坡？"

"怎么……那么老？"

"不是去了儋州吗？"

"苏东坡再回杭州，会看到'苏堤春晓'。"

一个妈妈模样的人，让手牵的孩子念道：

> 水光潋滟晴方好，

山色空蒙雨亦奇。

欲把西湖比西子，

浓妆淡抹总相宜。

晴日阳光下的西湖，水波荡漾，光彩熠熠，美丽至极。如果将美丽的西湖比作美人西施，那么浓妆淡抹都显得十分自然。

这是苏轼在杭州写的《饮湖上初晴后雨二首·其二》。

苏轼两次在杭州为官，一次是熙宁二年（1069年）任杭州通判，一次是元祐四年（1089年）任杭州知州。他整治杭州，疏浚西湖。杭州因西湖之水成为北宋重要的商业大都市之一。

苏轼稳稳地坐着，好像香客说的与他无关。一切皆过往，不提也罢。

苏过、程之元、钱志雄向孩子和香客挥挥手。

香客们疑惑地走了。

苏轼心情舒朗起来。政声人去后，百姓闲谈时。他心里暖洋洋的。

金山耸立江中，江流两侧奔泻。

"轼初到南海，黯然伤神，做梦都是何时出岛。一日顿悟。儋州环水，九州也环水，中国也环水——普天之下，谁不环水？大小而已。"苏轼看着葱郁的金山、宽阔的江面，"此时，我们不也是四面环水？寄蜉蝣于天地，渺沧海之一粟（《赤壁赋》）。"

苏轼看看苏过。

苏过明白，拿出笔墨纸砚，铺展在石桌上。

苏轼蘸墨、舐笔，挥毫，作《自题金山画像》：

> 心似已灰之木，身如不系之舟。
>
> 问汝平生功业，黄州惠州儋州。

七十天后。

七月二十八日，苏轼病逝于常州。享年六十六岁。

第二年，崇宁元年（1102 年），苏轼葬于汝州郏（jiá）城（今河南平顶山郏县）小峨眉山。

政和二年（1112 年），十月三日，苏辙病逝于许昌，与苏轼同葬。

公元 1132 年十一月

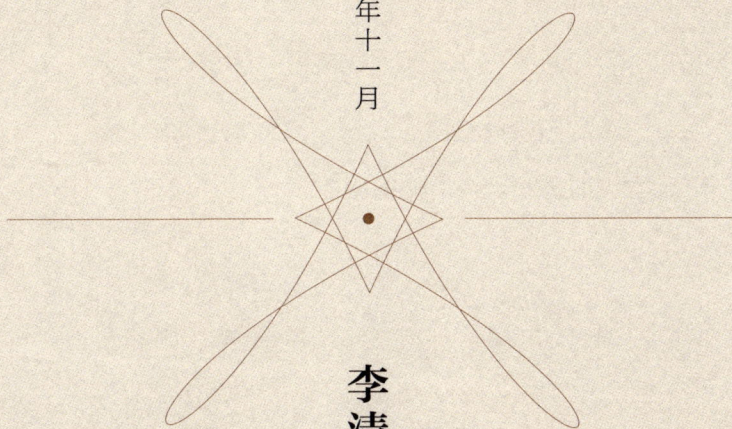

李清照

与你共存亡

李清照这才发觉，自己不是倚靠在汴京的窗上，而是侧躺在杭州的榻上。

李清照

1084—1155 年，自号易安居士。北宋齐州章丘（今山东济南章丘）人。

李清照站在二层小楼，倚窗而望。

汴京（今河南开封）的三月是最好的。道路两边的海棠花树排向远处，花儿朵朵开得洒脱、艳丽。

傍晚，暮色四合。李清照想起苏轼的"只恐夜深花睡去，故烧高烛照红妆"（《海棠》），掌起一盏灯。近旁的海棠，泛上一层红晕。

风忽然冷了，带着细雨。不一会儿，窗台上湿了。

李清照把两扇窗拉回来，拴上，再垂下竹帘。

风更大了，雨也大了。

李清照很为那些花朵担心，团团转，却无能为力，只好吃酒，一杯，一杯，一杯……

李清照醒过来，天已经明亮，侍女正在卷帘。

"海棠怎样了？"李清照急切地问。

"夫人——"侍女推开窗子说，"海棠依旧。"（《如梦令·昨夜雨疏风骤》）

"知道吗？"李清照跳了起来，"应是绿肥红瘦！"（《如梦令·昨夜雨疏风骤》）

"夫人，夫人——"侍女摇着李清照。

李清照这才发觉，自己不是倚靠在汴京的窗上，而是侧躺在杭州的榻上。时间也不是元符三年（1100年）早春，而是绍兴二年（1132 年）晚秋。一抹斜阳，照在榻前。

一个梦啊！

元祐四年（1089 年），李清照五岁。

苏轼将赴任杭州知州，父亲李格非（约 1045—约 1105 年）是他的弟子，在家中设宴为他饯行。苏轼的大弟子晁（cháo）补之（1053—1110 年）作陪。

李清照请教苏轼："祖爷，您怕海棠睡觉？"

"嗯？孙儿，你读过我的诗？"苏轼笑眯眯问。

李格非对苏轼说："家女不喜女红，却喜荡秋千、踢毽子、划船，尤喜学词。"

李清照不到两岁，生母去世，继母是状元王拱辰的孙女。王拱辰（1012—1085 年）原名王拱寿，十九岁时和二十四岁的欧阳修（1007—1072 年）同科进士，是这一科的状元，宋仁宗赐他"拱辰"。欧阳修是苏轼的恩师。这么一算，李清照是苏轼的孙辈。

"好啊，好！"晁补之揪着李清照的小辫子，"乖孩儿，花也是人呢。"

李清照后来知道，苏轼这是在用典。唐玄宗召见杨玉环，杨玉环昨晚的酒没有醒。唐玄宗说："海棠未睡足矣！"

高　颂

十年后，元符二年（1099年），初夏。李清照双手递给父亲一页纸。

"这是——"李格非问。

"爹爹看看。"李清照得意地说。

> 常记溪亭日暮，沉醉不知归路。兴尽晚回舟，误入藕花深处。争渡，争渡，惊起一滩鸥鹭。(《如梦令·常记溪亭日暮》)

"妙啊！"李格非问，"这是从哪里觅得？"

"李清照。"李清照指着自己的鼻子说。

李格非万分惊喜。女儿作诗词从来不肯示人。这是他第一次读到女儿的词作。一个女孩子，划船到河中心的亭子，喝着清酒，看着美景，不觉天已黄昏。尽兴返回，竟然忘记回家的路，误入藕花深处。啊呀！快快划呀，快快划呀！惊起一群栖宿的鸥鹭。

李格非赶到晁补之家："这是小女写的？"

"哈哈……"晁补之早和李清照结成"忘年交"，"大兄觉得奇怪吗？东坡先生远在儋州，如若看见此作，也会大赞。"

一个早上，李清照和《如梦令》传遍汴京。

唐寅

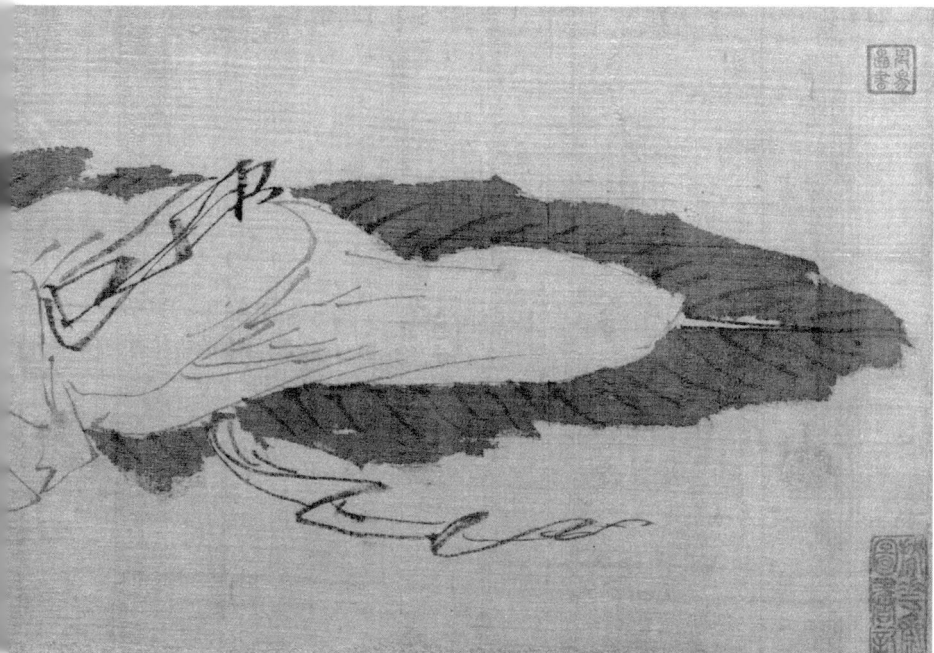

明 唐寅 《蕉叶睡女图》

"夫人，还告吗？"侍女问。

李清照站起身。榻后是一栏屏风，屏风后面平放着两个紫檀木箱子。高大的箱子沿边包了铁皮，又用角铁加固，结实、坚固。

箱子里，是李清照和赵明诚的命。

有人给李清照提亲，男方是赵明诚。

很多年轻人仰慕李清照才貌双全，又都被她的名声吓住了。

"女方是李——"

"正是。"

"啊——她又有高作——"

蹴罢秋千，起来慵整纤纤手。露浓花瘦，薄汗轻衣透。见客入来，袜刬（chǎn）金钗溜。和羞走，倚门回首，却把青梅嗅。（《点绛唇·蹴罢秋千》）

"爹爹，赵明诚是做什么的？"李清照问父亲。

赵明诚的父亲是吏部侍郎赵挺之（1040—1107 年），李格非做过礼部员外郎；赵明诚是太学学生，李格非曾任太学

　　　　　　　　　　　　　　　　　　高 颂

正、太学博士。李格非熟悉赵挺之，也了解赵明诚。

李格非拿出一本册子，摊开在桌上。

李清照看见一页楷书，浑厚端庄、雄伟遒劲。所书的内容，好像是对商朝一处碑文的抄录和介绍。

赵明诚二十一岁，研究前朝的铜器、碑石和上面的文字铭刻及拓片，也研究包括竹简、甲骨、玉器、砖瓦、封泥、兵符、铭器等文物。

李清照被赵明诚的才学镇住了。

建中靖国元年（1101 年），李清照嫁给赵明诚。

"夫人，还告吗？"看门的老仆人问。

临近中午，赵明诚在道路尽头出现了。

每月初一、十五，赵明诚都向太学请假，把衣服押在当铺里，取五百铜钱，到大相国寺的集市购买碑文和果实。回到家中，和李清照吃着果实，欣赏、研究买回来的碑文、拓片。

"快！快下来！"赵明诚老远就招手。他带李清照来到大相国寺，站在一幅画前。

"啊！"李清照叫出声。她跟着赵明诚，学到了不少。眼前是五代南唐大画家徐熙的《牡丹图》。

"二十万贯！"卖主笑笑。他等着赵明诚、李清照赏画，轻声说：

> 雪里已知春信至。寒梅点缀琼枝腻。香脸半开娇旖
> 旎。当庭际。玉人浴出新妆洗。
> 造化可能偏有意。故教明月玲珑地。共赏金尊沉绿
> 蚁。莫辞醉。此花不与群花比。

卖主吟诵的是李清照最近填词《渔家傲·雪里已知春信至》。卖主这是在告诉赵明诚和李清照，他认出了他们，给出的已经是最低价，只是不挑破罢了。

"我们——能不能借回家——"赵明诚说。

"可以！"卖主没有等赵明诚说完，把画轴卷起，放进锦盒，递到赵明诚手上。

赵明诚和李清照通宵不眠，手不释卷，只是实在想不到从哪里找到二十万贯。天亮，璧还。

后来，赵明诚走入仕途，立下志愿，即使节衣缩食，也要走遍四方，也把天下的古文奇字全部搜集起来。他全部的薪水，都用来购买古今名人的书画，以及夏、商、周三代的器物。薪水不够，就典当、变卖家产。

李清照支持赵明诚。

始谋食去重肉，衣去重采，首无明珠、翠羽驼兰棕谜
之饰，室无涂金、刺绣之具。(《金石录后序》)

李清照节省下来的钱，都用在丈夫的事业上。她做帮手，
哪怕弄了一点儿脏，赵明诚都要训斥她。她心里委屈，但都忍
住性子，原谅丈夫。

赵明诚外出，李清照就写词：

红藕香残玉簟秋。轻解罗裳，独上兰舟。云中谁寄锦
书来，雁字回时，月满西楼。
花自飘零水自流。一种相思，两处闲愁。此情无计可
消除，才下眉头，却上心头。

(《一剪梅·红藕香残玉簟秋》)

日积月累。

赵明诚和李清照在青州（今山东青州）建藏书楼，取名
"归来堂"，存放上万册图书、上千册金石刻和不计其数的实
物。每一册、每一件编号，蔚为壮观。

"姐姐，还告吗？"李远（háng）小心翼翼地问。李远
是李清照的弟弟。

靖康二年（1127年）二月，金兵灭北宋，虏宋钦宗和宋徽宗父子。

赵明诚和李清照知道，"归来堂"凶多吉少了。

三月，赵明诚的母亲在建康（今江苏南京）去世，前去奔丧。李清照挑选了最为宝贵的珍品，装了十五车，雇了六条船渡过淮河、长江，到达建康。青州十多间房屋的物品，打算第二年春天备船装走。但是，十二月，金兵攻下青州，十几屋东西化为灰烬。

建炎二年（1128年）九月，赵明诚被宋高宗起用建康府知府；建炎三年（1129年）三月，因弃城逃跑被罢官。

李清照只恨不是男儿身，作《夏日绝句》：

生当作人杰，死亦为鬼雄。
至今思项羽，不肯过江东。

赵明诚在贵池（今安徽池州）安家。建炎二年（1128年）五月，宋高宗任命他为湖州（今浙江湖州）知州。

赵明诚奉旨入朝。

"局势紧急，我一人怎么办呀？"李清照急了。

赵明诚伸出两个手指："你跟随众人吧。万不得已，先丢掉包裹箱笼，再丢掉衣服被褥，再丢掉书册卷轴，再丢掉古董，只是那些宗庙祭器和礼乐之器，必须抱着、背着，与你共存亡！别忘了！"

赵明诚冒着酷暑，赶到建康，一病不起。李清照乘船东下，一昼夜赶了三百里，见了他最后一面。

建炎三年（1129 年），建康不保。七月，李清照把书二万卷、金石刻二千卷，以及其他物品，分批运到南昌。十二月，金人攻南昌，这些东西大部分丢失。

赵明诚撰写的三十卷《金石录》还在。

李清照翻看《金石录》，赵明诚的小楷墨迹如新。穷困、带着哀怨但温馨的岁月远去，如今凄风苦雨，国破家亡，"这次第，怎一个愁字了得！"（《声声慢·寻寻觅觅》）。

朝廷一再向南退却。长江上游去不了，李清照只能去往台州投靠弟弟，但台州失守，她只好辗转在海路上追赶朝廷。当时朝廷驻留在台州的章安镇，于是她跟随朝廷的船入海，经温州到越州。后来又因朝廷遣散，去往衢（qú）州（今浙江衢州）返回越州，绍兴二年（1132 年），又从越州移居杭州。

大海浩渺，小船颠簸，人生起伏，李清照心存希望：

天接云涛连晓雾。星河欲转千帆舞。仿佛梦魂归帝所。闻天语。殷勤问我归何处。

我报路长嗟日暮。学诗谩有惊人句。九万里风鹏正举。风休住。蓬舟吹取三山去。

（《渔家傲·天接云涛连晓雾》）

但是，最不管用的，可能就是希望。

剩下的物件，被抢、被偷。最后，只剩下两个箱子，白天放在榻后，晚上存在榻下，日夜盯着。

"姐姐，还告吗？"李远小心翼翼地问。

李清照刚到杭州，监诸军审计司官吏张汝舟向李清照求婚。

李清照不答应。

张汝舟请李清照的弟弟、敕令所删定官李远出面。

李远本分老实，心疼姐姐居无定所、担惊受怕。他说，张汝舟仰慕姐姐，否则，年轻的姑娘有的是，怎么会死追年近半百的姐姐呢？

李清照"近因疾病，欲至膏肓，牛蚁不分，灰钉已具"（《投翰林学士綦（qí）崇礼启》），因为病入膏肓，连耕牛和蚂蚁都分不清，后事用的棺材、石灰和铁钉都准备好了，糊里糊涂相信了，匆匆忙忙答应了。

海棠谢了，惦记着再开。

中秋月圆。

"我告诉你一个秘密，"张汝舟对李清照说，"我是崇宁二年（1103年）进士。"

"我知道啊。"李清照说。

"我是'妄增举数入官'。"张汝舟得意地说。

"啊？"李清照如同吃了一只苍蝇。

"妄增举数入官"是宋朝一个特殊的罪名。宋朝规定：秀才以上，参加考试达到一定次数，即使没有考上，也可以向上提一个格。妄增举数，就是虚报参加考试的次数。

"易安居士，还告吗？"衙役问李清照。

婚后没有几天，张汝舟就露出马脚。他首先是想得到李清照这个人，满足自己的虚荣心，更重要的是想得到李清照那两箱子宝贝。虽然与赵明诚和李清照的全部收藏相比，九牛一毛，但是也价值连城。

李清照可以给人，但是不给箱子。

张汝舟恼羞成怒，三天两头大打出手。

李清照再婚，似乎不需要特别的理由；离婚，必须有理由，但是张汝舟想霸占藏品、霸占不成就家暴，似乎不能成为理由。

把张汝舟告倒，才能跳出婚姻的苦海。

告张汝舟"妄增举数入官"，这是欺君之罪。

但是，宋代《刑统》规定：妻告夫，即使属实，也要坐牢二年。

"还告吗？"侍女、老仆人、李远、衙役问。

"告！"李清照理了理云鬓，平静地说。

张汝舟被判发配柳州（今广西柳州）。

李清照入狱。"居囹圄者九日"（《投翰林学士綦崇礼启》），坐了九天的牢房，因为名声太大，又有綦崇礼等人相救，九天后被释放。她作《投翰林学士綦崇礼启》，以示谢意。

李清照晚景凄凉，卒于绍兴二十五年（1155年）。

公元 1192 年八月

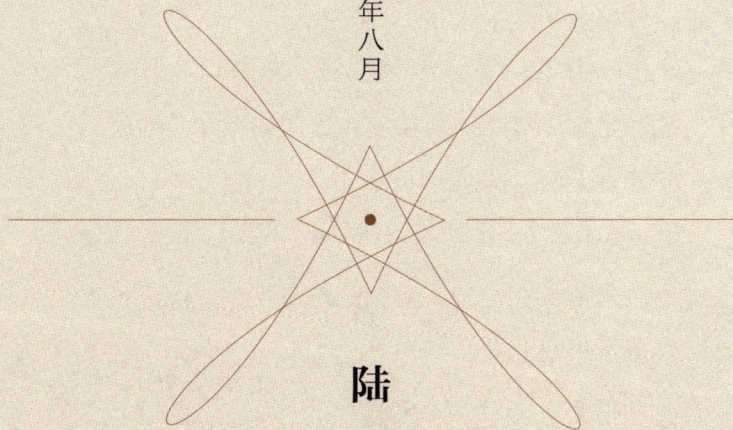

陆 游

·

永远都在希望

陆游低头看大散关地图。骆谷口、仙人原、定军山等据点和要塞，他了如指掌。他还带兵到大散关巡逻。

……

永远都在希望，得到的都是失望，但是，陆游不绝望。

陆　游

1125—1210 年，字务观，号放翁。南宋越州山阴（今浙江绍兴）人。

"喔喔喔——"邻里的公鸡第三次打鸣。公鸡的声音高亢有力，逗得远处的公鸡一声声呼应，还带来几声狗吠。

陆游抬头看看，窗口依旧是黑的。唐人李贺（790—816年）说，"雄鸡一声天下白"（《致酒行》），邻里这只公鸡，一个时辰之前就开始一唱。已经三唱，天还没有亮。

难道公鸡也睡不着？

天天如此。

陆游内心烦躁。

已经六十八岁，应该过了血气方刚的年纪，还总是意难平，睁眼想睡，闭眼难眠，只好读书。"灯前目力虽非昔，犹课蝇头二万言。"（《读书》）点一盏灯，虽然眼力不及从前，一个晚上还是读完两万字的蝇头小楷。但是，读书就能熬过时间吗？书上的字经常跳起来，整列向前冲，像千军万马。

进入秋天，应该天凉了，又是六十八岁的年纪，还是浑身燥热，脱衣嫌冷，穿衣嫌热，只好敞着。一低头看见瘦骨嶙峋、肚皮耷拉，又有着莫名的羞耻和悲伤。

那一身强壮呢？

乾道七年（1171年），陆游入川，任夔州（今重庆奉节）通判。

乾道九年（1173年），王炎任四川宣抚使，宣抚四川北部、甘肃东部、陕西南部，驻军南郑（今陕西南郑）。陆游被招入府中，任四川宣抚使司干办公事兼检法官，成了宣抚使的一名军事参谋、宣抚使司办公室主任兼任检法官。

南郑是西南方抗金的最前线。

王炎做好了随时出击金兵的准备。陆游上奏北伐计划《平戎策》，主张收复中原必须先取长安，取长安必须先取陇右（指陇山以西地区）；积蓄粮食、训练士兵，有力量就进攻，没力量就固守。

也是黎明之前，也是彻夜不眠。不是睡不着，是没有时间睡。

屋里的灯，又亮了一夜。

陆游低头看大散关地图。骆谷口、仙人原、定军山等据点和要塞，他了如指掌。他还带兵到大散关巡逻。

大散关是关中通往西南的唯一要塞，自古以来是巴蜀、汉中出入关中的咽喉，战略地位非常重要。

"上马击狂胡，下马草军书。二十抱此志，五十犹癯（qú）儒。"（《观大散关图有感》）飞身上马，奋击胡虏；下得马来，草拟军书。二十岁时，雄心壮志；五十岁了，瘦弱贫儒！

天亮，陆游更衣去见王炎。脱掉便衣，看见自己腹部正在隆起，胸肌已经缩小，皮肤开始暗淡，心中顿生紧迫感。

高 颂

四十七岁了！

人生易老，报国需趁早！但是，北上出击金兵的圣旨始终没有到，《平戎策》石沉大海。

很快，王炎被朝廷召回。

幕府解散，陆游回成都，先在范成大（1126—1193年）部下任参议官，后被主和派攻击"颓放""狂放"，再被罢官，在杜甫草堂附近的浣花溪畔种菜，自号"放翁"。

峥嵘的大散关，越来越远。

"良时恐作他年恨，大散关头又一秋"（《归次汉中境上》），良机错失只会终身悔恨，大散关前又荒废了一年。

陆游在前线只有八个月时间，却是最意气风发的日子。

回到山阴，陆游时常想起大散关。

早岁那知世事艰，中原北望气如山。

楼船夜雪瓜洲渡，铁马秋风大散关。

塞上长城空自许，镜中衰鬓已先斑。

出师一表真名世，千载谁堪伯仲间！

（《书愤·其一》）

"楼船夜雪瓜洲渡"，绍兴三十一年（1161年），朝廷击退从瓜洲（今江苏扬州）渡江进攻建康的金兵；

"铁马秋风大散关"，绍兴三十二年（1162年），朝廷在西北前线出击，收复大散关。

高大坚固的战船啊，配有铁甲的战马啊，气势如虹！

"呵呵！"陆游苦笑。这两场扬眉吐气的大胜，他都没有赶上。如今山河依旧破碎，双鬓染霜，只能缅怀。缅怀得多了，积郁在胸，透不过气来。

断断续续一年多，陆游在病中。

六十八岁了！

　　当年万里觅封侯。匹马戍梁州。关河梦断何处，尘暗旧貂裘。

　　胡未灭，鬓先秋。泪空流。此生谁料，心在天山，身老沧洲。

（《诉衷情·当年万里觅封侯》）

陆游拿着书卷，走出屋子，一脚高、一脚低，移到篱门外。

天幕高远，万里银河向西南奔泻，势不可挡。四周模糊，屋舍、树木，还有西南部的天姥山、北部的会稽山，都是更黑的影子。

天姥山，唐人李白写过《梦游天姥吟留别》；会稽山，东

　　　　　　　　　　　　　　　高　颂

晋王羲之写过《兰亭集序》。从小时候起，它们在陆游心中都是圣山。

陆游出生于名门望族。高祖陆轸，吏部郎中；祖父陆佃，尚书右丞。父亲陆宰（1088—1148 年），淮南路计度转运副使。母亲唐氏，宰相唐介（1010—1069 年）的孙女。

宣和七年（1125 年），陆宰奉诏入朝，从水路进京，陆游生于船上。他出生前十天，金兵南下。靖康二年（1127 年），金兵攻破汴京，北宋灭亡。陆宰携家眷逃回老家山阴。建炎三年（1129 年），金兵渡江，宋高宗南逃，陆宰又去了东阳（今浙江东阳）。

"儿时万死避胡兵"（《戏遣老懹（ràng）》），陆游从在襁褓中开始逃亡生涯。

我生学步逢丧乱，家在中原厌奔窜。

淮边夜闻贼马嘶，跳去不待鸡号旦。

人怀一饼草间伏，往往经旬不炊爨（cuàn）。

（《三山杜门作歌》）

陆游蹒跚学步，就遇到山河破碎，跟着家人四处奔窜。淮水河边夜，一听到敌军战马的嘶叫就赶紧摸黑逃离，不敢等到鸡鸣天亮。每个人都怀揣着干粮，在草丛中躲避，常常十几天都不敢生火做饭。

南宋偏安。

陆游十岁那年，家里才安定下来。

绍兴二十三年（1153 年），陆游到杭州参加进士考试，位列第一，宰相秦桧的孙子秦埙（xūn）排名第二。秦桧（1090—1155 年）大怒。第二年，陆游参加礼部考试，秦桧下令不得录用。秦桧去世之后，陆游才开始走上仕途。但是，岁月在战与不战之间蹉跎，命运也在用与不用之间沉浮。

> 驿外断桥边，寂寞开无主。已是黄昏独自愁，更著风和雨。
> 无意苦争春，一任群芳妒。零落成泥碾作尘，只有香如故。
>
> （《卜算子·咏梅》）

没有耽误的，只有"香如故"的志向，然后就是诗词。

南宋初年，虽然局势危急，但是士气尚且旺盛，诗风振作。随着南宋偏安局面形成，士大夫逐渐消极，诗风日渐萎靡。大量的诗词无病呻吟，格局猥琐。

高　颂

陆游高举起前代屈原、贾谊、李白、杜甫和本朝欧阳修、苏轼的旗帜，与之对抗。

或悲壮："戍楼刁斗催落月，三十从军今白发。"（《关山月》）

或活泼："山重水复疑无路，柳暗花明又一村。"（《游山西村》）

或感伤："此身合是诗人未？细雨骑驴入剑门。"（《剑门道中遇微雨》）

或清新："小楼一夜听春雨，深巷明朝卖杏花。"（《临安春雨初霁》）

或励志："纸上得来终觉浅，绝知此事要躬行。"（《冬夜读书示子聿》）

……

但是，陆游偏偏不想成为诗人。

"平生万里心，执戈王前驱。"（《夜读兵书》）这辈子最大的心愿，就是做一个为国冲锋陷阵的战士。

篱门外是农田。

虽然天色未明，但是能隐约看到秋风起，稻浪翻滚。成熟的稻香，融合在早晨的空气里。

诸生心勿拒我二

为邪此开卷差诺

结峰说理浅

茨子或巨褚耕

菜甫黄犊底耳

一茅宇勉凌秦

人主淳风可

三道十八

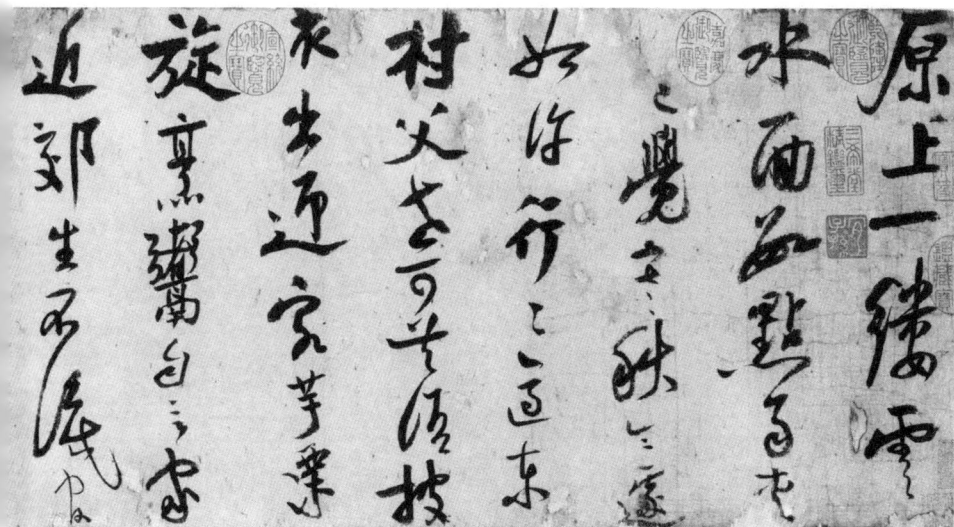

宋 陆游 《自作诗卷》（节选）

妻子王氏披着衣服跟了出来："歇歇吧，天亮了还要去——沈园。"

陆游把手伸给王氏，笑笑。

沈园。

唐婉的周年又到了。

绍兴十四年（1144年），陆游娶舅舅的女儿唐琬为妻。表兄妹青梅竹马，成夫妻如胶似漆。不到三年，唐琬因为不孕，被陆游的母亲退婚。陆游和唐琬藕断丝连，不肯断绝，后来被家庭所迫，各自婚嫁。

绍兴二十一年（1151年），陆游在城中沈园偶遇唐琬，无限悔恨，在园子的墙壁上题写《钗头凤》：

红酥手，黄縢酒，满城春色宫墙柳。东风恶，欢情薄。一怀愁绪，几年离索。错，错，错！

春如旧，人空瘦，泪痕红浥（yì）鲛（jiāo）绡（xiāo）透。桃花落，闲池阁，山盟虽在，锦书难托。莫，莫，莫！

第二年，唐琬又到沈园，看到陆游的题诗，和了一阕：

高 颂

世情薄，人情恶，雨送黄昏花易落。晓风干，泪痕
残。欲笺心事，独语斜阑。难，难，难！

人成各，今非昨，病魂常似秋千索。角声寒，夜阑
珊。怕人寻问，咽泪装欢。瞒，瞒，瞒！

如果感情无法寄托，深情就如同深壑，中间只能是泪流
成河。

唐琬郁郁寡欢，没过多久，在秋雨里病故。

陆游和王氏靠在一起。

王氏接过陆游手里的书卷，凑到眼前看看，是辛弃疾的
《菩萨蛮·书江西造口壁》。

淳熙三年（1176 年），辛弃疾（1140—1207 年）任江
西提点刑狱，路过造口（今江西万安西南），登临郁孤台远望
抒怀：

郁孤台下清江水，中间多少行人泪。西北望长安，可
怜无数山。

青山遮不住，毕竟东流去。江晚正愁余，山深闻鹧鸪。

陆游还没有见到辛弃疾，但是彼此知道，也互相敬佩。

"收复山河，仰仗辛幼安了。"陆游对王氏说。

绍兴十年（1140年），辛弃疾在金国出生。绍兴三十一年（1161年），辛弃疾聚集两千人，参加耿京（？—1162年）组织的起义。后来，耿京被叛徒张安国杀害，辛弃疾带领五十名骑兵，冲进敌营，从数万人中生擒张安国，带到建康交朝廷处置。

辛弃疾威震敌胆。只是朝廷主和占上风，加上他性格倔强，又是"归降"的尴尬身份，壮志难酬。但是，他才五十二岁，正值壮年。也许有一天，朝廷主战呢？

陆游年轻的时候，曾经寄希望于岳飞（1103—1142年）。

怒发冲冠，凭栏处、潇潇雨歇。抬望眼，仰天长啸，壮怀激烈。三十功名尘与土，八千里路云和月。莫等闲，白了少年头，空悲切！

靖康耻，犹未雪。臣子恨，何时灭！驾长车，踏破贺兰山缺。壮志饥餐胡虏肉，笑谈渴饮匈奴血。待从头、收拾旧山河，朝天阙。

（岳飞《满江红·怒发冲冠》）

岳飞有雄心壮志，岳家军所向披靡。

可惜，绍兴十一年（1142年），岳飞以"莫须有"的罪

高　颂

名，被秦桧等人杀害。"公卿有党排宗泽，帷幄无人用岳飞"（《夜读有感》）。那一年，岳飞三十九岁，陆游十八岁。

"喔喔喔——"雄鸡一唱，曙色微明。

天姥山、会稽山横亘，寂静无语。秋虫也不低吟。但是，陆游知道，这山也没有睡，警觉地匍匐着，就等着一声令下，一跃而起。

"《秋夜将晓出篱门迎凉有感》。"陆游说。

三万里河东入海，五千仞岳上摩天。
遗民泪尽胡尘里，南望王师又一年。

"遗民泪尽胡尘里，南望王师又一年。"王氏重复着。

陆游望着北方。

陆游从靖康二年（1127 年）到绍熙三年（1192 年），已经"望"了六十六年。他还将再"望"十八年。

嘉定二年十二月（1210 年 1 月），陆游作绝命诗《示儿》：

死去元知万事空，但悲不见九州同。
王师北定中原日，家祭无忘告乃翁。

陆游写毕，进入弥留。

三天后，嘉定二年十二月十九日（1210 年 1 月 26 日），
病逝。

只要不死，就望下去；即使死了，也会望下去，

望王师北定中原。

永远都在希望，得到的都是失望，但是，陆游不绝望。

高　颂

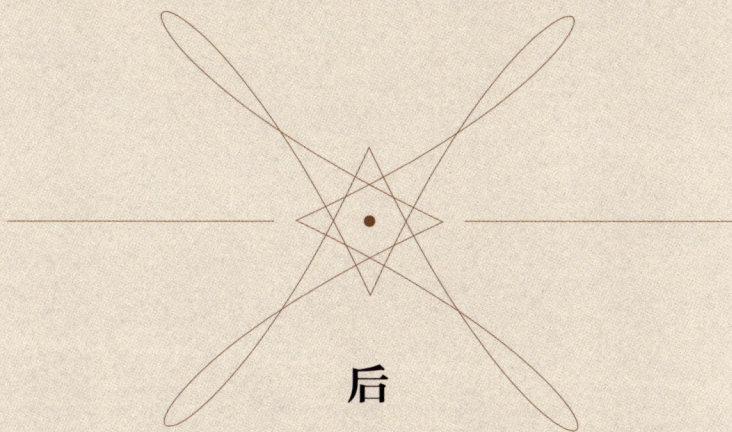

后

记

我以为，颜回（公元前 521 年—前 481 年）临终前，孔子（公元前 551 年 9 月 28 日—前 479 年 4 月 11 日）去看过他。

我的理由是，颜回十三岁就追随孔子，是孔子最欣赏的门生之一。颜回四十一岁去世那年，孔子差不多七十一岁，离去世还有近三年的时间，身体尚可，没有理由不去看颜回，何况两人相隔不远。

我以为，孔子不仅去看望了颜回，而且是唯一被他破口大骂"朽木不可雕也"的弟子宰予陪同去的，还见到了从卫国赶回来看望颜回的子路。

……

我求教于一位我敬重的师长。

"你可能是对的，"师长说，"但是，我们不能这么说。"

我明白师长的用心。

"你可能是对的"，是因为师长没有找到、看到"对的"存在，因而一切皆有可能。这也是对我的宽容与鼓励。

"我们不能这么说"，是因为师长是研究者；凡事不能靠推测，得用"考据"说话，这也是对我的提醒与教导。

这就像谁都可以"想象"商朝之前的历史，历史研究者不能——他们知道"商"不可能凭空而来，之前一定还有朝代，比如"夏"，但是，他们一直在"考"，因为一直拿不出更多的"据"，所以一直没有定论。

我不是专家，师长的"你可能是对的，但是，我们不能这么说"，让我兴奋不已。我理所当然把重点放在"你可能是对的"上，而且，在其他"可能"没有出现之前，我相信我的"可能"是对的——我估计其他"可能"在相当一段时间不会出现，甚至永远不会出现，因为要出现的话早出现了，那么多专家在寻找呢。

进而，我把颜回去世的具体时间定为三月。

我找遍我能找到的资料，没有说颜回去世的确切时间。

一年四季、十二个月，我为什么要定"三月"？

这是因为，颜回的死因据推测有好几个，一说帮孔子整理书籍累死，一说长期"一箪食，一瓢饮，在陋巷"（《论语·雍也》），贫困而死。但是，有一个死因是不容忽视的，得病而死。大前年腊月，颜回跳过河。他长期劳累过度、营养不良，虚弱的身体跳进冰冷的水里，又心急如焚，不得重病才怪。但是，他不能马上死，他有事要做——这种人有信念，能死撑；他也不能不死，因为他只能活到鲁哀公十四年（公元前481年）。

为什么是春天呢？

因为这一年春天，有人捕获了麒麟，孔子悲伤地说"吾已矣夫"（《论语·子罕》），意思是我没有什么希望了。紧接着颜回死了，孔子哀号："天丧予！"（《论语·先进》）意思是老天这是要亡我啊！

不是春天，又是哪天呢？春天多好。

至于为什么是宰予陪同孔子，孔子实际上很喜欢这个与众不同的弟子；

至于孔子为什么会遇到子路——孔子为什么不能遇到子路呢？子路"明年"才去世，他是追随孔子时间最长的弟子。孔子说过，"如果我的主张行不通，我就乘上木筏子到海外去，能跟从我的大概只有仲由吧！"子路虽然只比孔子小九岁，年事已高，但是身强力壮，完全能从卫国赶回来和颜回见最后一面，同时也是最后一次见孔子。

面对我的"得寸进尺"，师长不反对，也不赞成。如果要表态，我想他一定还是那句话："你可能是对的，但是，我们不能这么说。"

——对我来说，专家不反对就足够了。

其实，我的用意，并不是要去考证、较真一个确切的时间、具体的细节，我也完全没有那个能力。

历史逝者如斯，既有江河滚滚，也有溪流潺潺，但是不管怎么说，江河、溪流都是水滴组成的。

——我想说的是，历史的宏大叙事，都是一个个瞬间的凝固。如果我们能够以自己的方式，靠近、进入、深入到这一个个瞬间呢？我们会看到什么？

于是，我拜会我喜欢的历史文化名人：

尹吉甫、孔子、老子、孟子、庄子、屈原、韩非子、司马相如、司马迁、苏武、曹操、嵇康、王羲之、刘义庆、李白、杜甫、白居易、苏轼、李清照、陆游……

我看到了他们的奔走与驻足、呐喊与沉默，看到了他们的光明与至暗、升腾与沉沦，看到了他们的顽强与脆弱、辉煌与屈辱。他们生命的每一个瞬间，都是历史最重要的时刻。

瞬间即永恒。

我曾经就阅读的古代经典诗文，求教我尊敬的莫砺锋老师。

我说，第一点，弄明白时代背景，也就是国家命运；第二点，弄明白写作背景，也就是个人命运；第三点，弄明白典故；第四点，弄明白关键字词的意思，毕竟是古文。

我试探着说："掌握这四点，就不会错，要错也错不到哪里去。"

"你是对的。"莫砺锋老师对我说。

"还有一点：能弄明白的，一定要弄明白，"莫砺锋老师又说，"实在弄不明白的，也就算了。"

"比如呢？"我急切地问。我暗自好奇，莫老师也有"算了"的时候。

　　　　　　　　　　　　　　　　　　　高 颂

"比如李商隐的。"莫砺锋老师笑着说。

莫砺锋老师的话，也可以用在我对历史文化名人瞬间的探究与揣摩上。

事实上，诸位师长的教诲，一直给我十足的胆量和充足的精神。